47都《と》道《どう》府《ふ》県《けん》　ビジュアル文《ぶん》化《か》百《ひゃっ》科《か》

地《じ》野《や》菜《さい》／伝《でん》統《とう》野《や》菜《さい》

堀　知佐子／監修　　こどもくらぶ／編

丸善出版

はじめに

近年《きんねん》、海外《かいがい》では日本文化《にほんぶんか》に対《たい》する人気《にんき》やあこがれが、もりあがりを見《み》せています。アニメやまんが、若者《わかもの》のファッション、家電《かでん》や自動車《じどうしゃ》といった工業製品《こうぎょうせいひん》、さらに食文化《しょくぶんか》や伝統文化《でんとうぶんか》など、日本独自《にほんどくじ》の文化《ぶんか》が「クール(かっこいい)」であると評《ひょう》されています。

ところで、そのクールジャパン（かっこいい日本《にほん》）にくらしているわたしたちは、日本《にほん》について、とりわけ日本《にほん》の伝統《でんとう》や文化《ぶんか》について、どれだけ知《し》っているでしょうか。日本人《にほんじん》は、外国《がいこく》の人《ひと》たちから「日本人《にほんじん》でありながら日本《にほん》のことを知《し》らなすぎる」という印象《いんしょう》をもたれることも多《おお》いといいます。

日本《にほん》の伝統《でんとう》や文化《ぶんか》についてしっかりとした知識《ちしき》をもつことは、日本《にほん》を理解《りかい》するうえでも、外国人《がいこくじん》とコミュニケーションをするうえでも、とてもたいせつです。日本《にほん》と他国《たこく》の伝統《でんとう》や文化《ぶんか》のちがいを知《し》ることで、たがいの理解《りかい》が深《ふか》まり、交流《こうりゅう》も広《ひろ》がります。

このシリーズでは、日本各地《にほんかくち》の伝統《でんとう》や文化《ぶんか》を、さまざまなテーマをとおして学《まな》ぶことができるようになっています。各都道府県《かくとどうふけん》の基本的《きほんてき》な情報《じょうほう》にくわえ、各地《かくち》の伝統《でんとう》や文化《ぶんか》をくわしく知《し》ることができます。巻頭《かんとう》の特集《とくしゅう》では、全国《ぜんこく》とのちがいや共通点《きょうつうてん》を理解《りかい》できるようにもなっています。

シリーズ第《だい》1期《き》では、「伝統食《でんとうしょく》」「地野菜《じやさい》／伝統野菜《でんとうやさい》」「伝統行事《でんとうぎょうじ》」の3巻《かん》にわけ、都道府県別《とどうふけんべつ》に各地《かくち》のさまざまな料理《りょうり》や野菜《やさい》、行事《ぎょうじ》などを紹介《しょうかい》しています。

日本《にほん》の伝統《でんとう》や文化《ぶんか》を知《し》ることは、日本《にほん》を知《し》ることにつながり、日本人《にほんじん》のくらしの知恵《ちえ》を学《まな》ぶことにもなります。このシリーズを読《よ》んで、みなさんが自分《じぶん》の住《す》む地域《ちいき》について、そして日本《にほん》について、おおいに関心《かんしん》をもってほしいと願《ねが》っています。

※本《ほん》シリーズは、丸善出版発行《まるぜんしゅっぱんはっこう》のさまざまな切《き》り口《くち》で47都道府県《とどうふけん》を紹介《しょうかい》したシリーズをもとに、小学生《しょうがくせい》～中学生向《ちゅうがくせいむ》けに再編集《さいへんしゅう》したものです。今後《こんご》もさまざまなテーマで、日本《にほん》をくまなく網羅《もうら》しながら、日本特有《にほんとくゆう》の伝統《でんとう》や文化《ぶんか》を紹介《しょうかい》していきます。

もくじ

はじめに……2

パート1 テーマ別《べつ》に見《み》る地野菜《じやさい》／伝統野菜《でんとうやさい》

テーマ❶ 日本《にほん》の歴史《れきし》と野菜《やさい》の歴史《れきし》 **伝統野菜《でんとうやさい》のはじまり絵巻《えまき》**……6
テーマ❷ 野菜《やさい》とのかかわりを考《かんが》える **日本人《にほんじん》と野菜《やさい》**……8
テーマ❸ 生《う》まれ故郷《こきょう》はどこ？ **野菜《やさい》の原産地《げんさんち》**……10
テーマ❹ 全国《ぜんこく》の地《じ》だいこんくらべ **こんなにちがう、だいこん**……12
テーマ❺ 大《おお》きさも形《かたち》もいろいろ **こんなにちがう、かぶ**……14
テーマ❻ 個性豊《こせいゆた》かにのびのび育《そだ》つ **こんなにちがう、ねぎ**……16
テーマ❼ 丸形《まるがた》、卵形《たまごがた》、長《なが》さもいろいろ **こんなにちがう、なす**……18
テーマ❽ 長《なが》い年月《ねんげつ》をかけてつくられてきた土地《とち》の味《あじ》 **日本各地《にほんかくち》の名産《めいさん》つけもの**……20
テーマ❾ 地野菜《じやさい》や伝統野菜《でんとうやさい》が大変身《だいへんしん》 **日本各地《にほんかくち》の特産品《とくさんひん》・名産品《めいさんひん》**……24

パート2 47都道府県《とどうふけん》の地野菜《じやさい》／伝統野菜《でんとうやさい》

北海道《ほっかいどう》・東北地方《とうほくちほう》……28
北海道《ほっかいどう》●30／青森県《あおもりけん》●31／岩手県《いわてけん》●32／宮城県《みやぎけん》●33／
秋田県《あきたけん》●34／山形県《やまがたけん》●35／福島県《ふくしまけん》●36

もっと知《し》りたい！ 伝統野菜《でんとうやさい》の誕生《たんじょう》ものがたり……37

関東地方《かんとうちほう》……38
茨城県《いばらきけん》●40／栃木県《とちぎけん》●41／群馬県《ぐんまけん》●42／埼玉県《さいたまけん》●43／
千葉県《ちばけん》●44／東京都《とうきょうと》●45／神奈川県《かながわけん》●46

もっと知《し》りたい！ 土《つち》が育《そだ》てる個性的《こせいてき》な伝統野菜《でんとうやさい》……47

北陸《ほくりく》・中部地方《ちゅうぶちほう》……48
新潟県《にいがたけん》●51／富山県《とやまけん》●52／石川県《いしかわけん》●53／福井県《ふくいけん》●54／山梨県《やまなしけん》●55／
長野県《ながのけん》●56／岐阜県《ぎふけん》●57／静岡県《しずおかけん》●58／愛知県《あいちけん》●59

近畿地方《きんきちほう》……60
三重県《みえけん》●62／滋賀県《しがけん》●63／京都府《きょうとふ》●64／大阪府《おおさかふ》●65／
兵庫県《ひょうごけん》●66／奈良県《ならけん》●67／和歌山県《わかやまけん》●68

もっと知《し》りたい！ 「種屋《たねや》」が広《ひろ》めた伝統野菜《でんとうやさい》……69

中国《ちゅうごく》・四国地方《しこくちほう》……70
鳥取県《とっとりけん》●73／島根県《しまねけん》●74／岡山県《おかやまけん》●75／広島県《ひろしまけん》●76／山口県《やまぐちけん》●77／
徳島県《とくしまけん》●78／香川県《かがわけん》●79／愛媛県《えひめけん》●80／高知県《こうちけん》●81

九州《きゅうしゅう》・沖縄地方《おきなわちほう》……82
福岡県《ふくおかけん》●85／佐賀県《さがけん》●86／長崎県《ながさきけん》●87／熊本県《くまもとけん》●88／
大分県《おおいたけん》●89／宮崎県《みやざきけん》●90／鹿児島県《かごしまけん》●91／沖縄県《おきなわけん》●92

さくいん……93

この本《ほん》の使《つか》い方《かた》

この本《ほん》は、パート1とパート2に分《わ》けています。
それぞれのパートは次《つぎ》のように構成《こうせい》されています。

短《みじか》く、わかりやすくまとめた本文《ほんぶん》。＊がついたことばは、おなじページに意味《いみ》を紹介《しょうかい》。

パート1

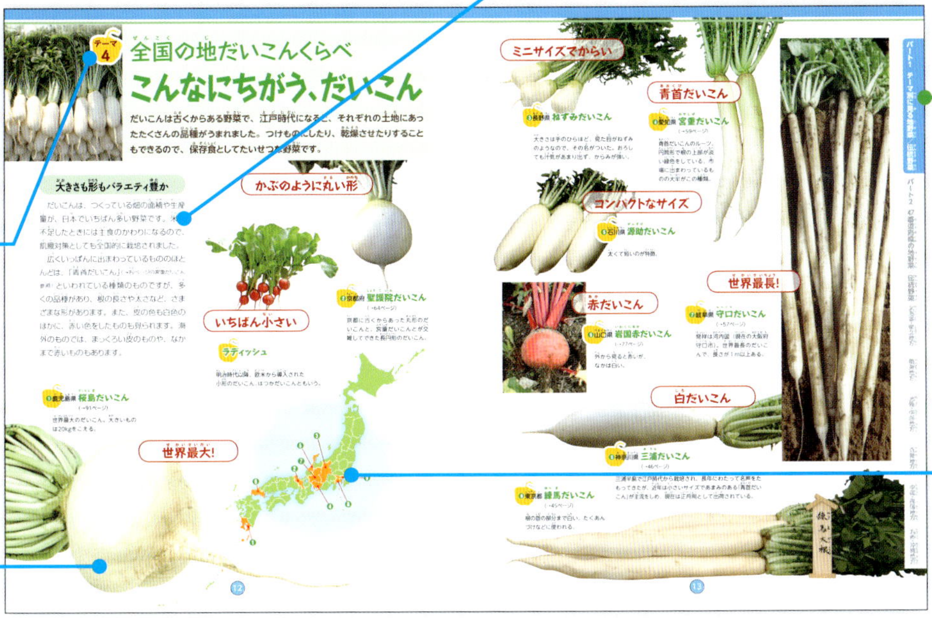

とりあげたテーマの番号《ばんごう》。全部《ぜんぶ》で9つある。

写真《しゃしん》は極力大《きょくりょくおお》きくきれいなものを紹介《しょうかい》。

パート1とパート2に分け、パート2では紹介《しょうかい》する地方区分《ちほうくぶん》を色《いろ》別《べつ》に表示《ひょうじ》。

どの都道府県《とどうふけん》の地野菜《じやさい》／伝統野《でんとうや》菜《さい》なのかがひと目《め》でわかるように、日本地図《にほんちず》で紹介《しょうかい》。

パート2

紹介《しょうかい》する地方《ちほう》の特産物《とくさんぶつ》など。

各都道府県《かくとどうふけん》の気候《きこう》や風土《ふうど》の特徴《とくちょう》を紹介《しょうかい》。

日本《にほん》を6つの地方《ちほう》に区分《くぶん》して紹介《しょうかい》。

各都道府県《かくとどうふけん》の基本《きほん》データ。

紹介《しょうかい》する地方《ちほう》の地形《ちけい》などがわかる地図《ちず》。

このページで紹介《しょうかい》する都道《とどう》府県《ふけん》の名前《なまえ》。

紹介《しょうかい》している野菜《やさい》の写真《しゃしん》。

とりあげた野菜《やさい》の特徴《とくちょう》や、いわれなどを紹介《しょうかい》。

野菜《やさい》に関連《かんれん》するひとことコメント。

各都道府県《かくとどうふけん》の野菜《やさい》や農産物《のうさんぶつ》にかんするもうすこしくわしい情報《じょうほう》を紹介《しょうかい》。

※地名表記は『最新基本地図 -世界・日本- 40訂版』（帝国書院）による。

パート1

テーマ別《べつ》に見《み》る地野菜《じやさい》／伝統野菜《でんとうやさい》

テーマ
1

伝統《でんとう》野菜《やさい》のはじまり絵巻《えまき》 6ページ

テーマ
2

日本人《にほんじん》と野菜《やさい》 8ページ

テーマ
3

野菜《やさい》の原産地《げんさんち》 10ページ

テーマ
4

こんなにちがう、だいこん 12ページ

テーマ
5

こんなにちがう、かぶ 14ページ

テーマ
6

こんなにちがう、ねぎ 16ページ

テーマ
7

こんなにちがう、なす 18ページ

テーマ
8

日本各地《にほんかくち》の名産《めいさん》つけもの 20ページ

テーマ
9

日本各地《にほんかくち》の特産品《とくさんひん》・名産品《めいさんひん》 24ページ

テーマ 1

日本《にほん》の歴史《れきし》と野菜《やさい》の歴史《れきし》

伝統野菜《でんとうやさい》のはじまり絵巻《えまき》

現在《げんざい》、日本国内《にほんこくない》で栽培《さいばい》されている野菜《やさい》は100種以上《しゅいじょう》ありますが、ほとんどは古《ふる》い時代《じだい》に海外《かいがい》から日本《にほん》へわたってきたものです。先人《せんじん》たちは、それらの野菜《やさい》を日本《にほん》の風土《ふうど》にあわせて育《そだ》てあげ、今日《こんにち》の伝統野菜《でんとうやさい》をつくりあげてきました。

日本《にほん》にきたのは、いつ？

日本《にほん》の野菜《やさい》には、日本原産《にほんげんさん》のものはすくなく、古《ふる》くは中国《ちゅうごく》から、明治時代以降《めいじじだいいこう》は欧米《おうべい》から導入《どうにゅう》され、明治以後《めいじいご》の栽培技術《さいばいぎじゅつ》の進歩《しんぽ》にともない大《おお》いに発展《はってん》して現在《げんざい》にいたっているものが多《おお》くあります。古《ふる》い時代《じだい》に渡来《とらい》した野菜《やさい》が、いつ、だれによって、どこからもたらされたかは、ほとんど明《あき》らかになっていません。現在明《げんざいあき》らかにされているのは、『古事記《こじき》』『万葉集《まんようしゅう》』『延《えん》喜式《ぎしき》』『和名類聚抄《わみょうるいじゅしょう》』などの古典《こてん》や農書《のうしょ》（農業《のうぎょう》にかんする書物《しょもつ》）などに記載《きさい》されていることを参考《さんこう》に推定《すいてい》されたものです。

奈良《なら》・平安時代《へいあんじだい》にわたってきた野菜《やさい》

だいこん、かぶ、ねぎ、にんにく、わけぎ、ちしゃ（レタスの和名《わめい》）、なす、まくわうり、しおうり、とうがん、きゅうり、ささげ、さといも、くわい、はす、ごぼう など

- 中国《ちゅうごく》、東南《とうなん》アジア、西《にし》アジア、ヨーロッパが原産《げんさん》の野菜《やさい》が、中国《ちゅうごく》を経《へ》て日本《にほん》へわたったと考《かんが》えられている。
- ごぼうはヨーロッパでは畑《はたけ》の周辺《しゅうへん》にはえていた雑草《ざっそう》だった。それが、日本《にほん》へわたり、野菜として、食《た》べられるようになったといわれている。

安土桃山時代《あづちももやまじだい》にわたってきた野菜《やさい》

ほうれんそう、えんどう、そら豆《まめ》、すいか、かぼちゃ、とうがらし など

- 原産地《げんさんち》から一度《いちど》ヨーロッパに入《はい》り、海路《かいろ》で東洋《とうよう》や日本《にほん》へ伝《つた》えられたと考《かんが》えられている。

かぼちゃ

日本《にほん》に伝《つた》えられたのは17世紀《せいき》。カンボジアからきたので「かぼちゃ」という名《な》がついた。かぼちゃには「日本《にほん》かぼちゃ」「西洋《せいよう》かぼちゃ」「ペポかぼちゃ」の３種類《しゅるい》あるが、このときの品種《ひんしゅ》は日本《にほん》かぼちゃ。江戸末期《えどまっき》になると西洋《せいよう》かぼちゃが導入《どうにゅう》された。

日本《にほん》にもともとあった野菜《やさい》

日本原産《にほんげんさん》の野菜《やさい》といわれているのは比較的《ひかくてき》すくなく、ほとんどが葉菜類《ようさいるい》です。ふき、わさび、うどは、日本最古《にほんさいこ》の野菜事《やさいじ》典《てん》『本草和名《ほんぞうわみょう》』にのっていて、ふきの日本古来《にほんこらい》のよび名《な》は「やまふふき」または「おおば」であること、わさびは「山葵《わさび》」と書《か》かれて平安時代《へいあんじだい》から薬用《やくよう》としてもちいられていたこと、うどはその名《な》の由来《ゆらい》が生長《せいちょう》した茎《くき》が中空《ちゅうくう》なので「宇登呂《うとろ》」とよばれたことからだということなどが記載《きさい》されています。せりは『万葉集《まんようしゅう》』に、みつばとあしたばは江戸時代《えどじだい》に書《か》かれた貝原益軒《かいばらえきけん》の『大和本草《やまとほんぞう》』に紹介《しょうかい》されています。

江戸時代《えどじだい》にわたってきた野菜《やさい》

孟宗竹《もうそうちく》、さつまいもなど

- 琉球国《りゅうきゅうこく》（現在《げんざい》の沖縄県《おきなわけん》）を経《へ》て日本《にほん》へ入《はい》ったと考《かんが》えられている。
- 江戸時代《えどじだい》に野菜《やさい》をあつかう問屋《とんや》が集《あつ》まった市場《いちば》ができはじめ、都市《とし》が発達《はったつ》するとともに市場《いちば》も繁盛《はんじょう》し、都市近郊《としきんこう》での野菜《やさい》の生産《せいさん》がさかんになった。

明治時代《めいじじだい》にわたってきた野菜《やさい》

キャベツ、たまねぎ、結球《けっきゅう》はくさい、トマト、西洋《せいよう》かぼちゃ、パセリ、いんげん、にんじんなど

- 明治政府《めいじせいふ》のもとに産業《さんぎょう》を奨励《しょうれい》する機関《きかん》や北海道《ほっかいどう》の開拓《かいたく》をすすめる機《き》関《かん》ができ、欧米《おうべい》や中国《ちゅうごく》（当時《とうじ》の清《しん》）から新《あたら》しい野菜《やさい》を導入《どうにゅう》して試《し》作《さく》をおこなうようになった。

第二次世界大戦後《だいにじせかいたいせんご》にわたってきた野菜《やさい》

カリフラワー、レタス、芽《め》キャベツ、ピーマン、アスパラガス など

孟宗竹《もうそうちく》

現在《げんざい》食《た》べられているたけのこのほとんどは、この品種《ひんしゅ》。地面《じめん》から顔《かお》を出《だ》すか出《だ》さないかという時期《じき》に収穫《しゅうかく》されたものがおいしいといわれる。

結球《けっきゅう》はくさい

はくさいには、「結球《けっきゅう》」「半結《はんけっ》球《きゅう》」「不結球《ふけっきゅう》」の３タイプがある。葉先《はさき》までかさなりあっているのが結球《けっきゅう》はくさい。ふつう、はくさいというと、これをさす。

西洋《せいよう》かぼちゃ

アメリカから導入《どうにゅう》された当《とう》初《しょ》は、飼料用《しりょうよう》だった。品種改《ひんしゅかい》良《りょう》が進《すす》み、食用《しょくよう》として急速《きゅうそく》に広《ひろ》まり、ほくほくとしてあまみが強《つよ》いことから、昭和時代《しょうわじだい》には、日本《にほん》かぼちゃに取《と》ってかわるようになった。

レタス

中国《ちゅうごく》から伝《つた》わり、平安時代《へいあんじだい》に栽培《さいばい》されていた「ちしゃ」はレタスの和名《わめい》だが、茎《くき》を食《た》べるもの。葉《は》を食《た》べるレタスは「玉《たま》レタス」といい、戦後《せんご》に本格的《ほんかくてき》に栽培《さいばい》されるようになった。

テーマ 2

野菜《やさい》とのかかわりを考《かんが》える

日本人《にほんじん》と野菜《やさい》

縄文時代《じょうもんじだい》には狩猟《しゅりょう》や採集《さいしゅう》という方法《ほうほう》で食物《しょくもつ》をとっていましたが、弥生時代《やよいじだい》に入《はい》ると食物《しょくもつ》を育《そだ》てることが始《はじ》まります。その後《ご》、海外《かいがい》から入《はい》ってきた野菜《やさい》を育《そだ》て、改良《かいりょう》し、さまざまな野菜《やさい》を食《た》べるようになりました。

弥生時代《やよいじだい》

稲作農業《いなさくのうぎょう》が定着《ていちゃく》しはじめ、栽培《さいばい》野菜《やさい》らしきものが登場《とうじょう》する。『日本書紀《にほんしょき》』、『万葉集《まんようしゅう》』や出土《しゅつど》した化石《かせき》から、やまいも、さといも、うり、だいこんなどを利用《りよう》していたと考《かんが》えられている。

奈良時代《ならじだい》

貴族《きぞく》は、うり、だいこんなどの栽培《さいばい》野菜《やさい》を食《た》べていた。青菜《あおな》や、はすの根《ね》、ゆり、わらびなどの山菜類《さんさいるい》は、調味料《ちょうみりょう》として使《つか》われていたといわれている。庶民《しょみん》は、自生《じせい》している野草《やそう》を食《た》べていたと考《かんが》えられている。

平安時代《へいあんじだい》

なす、きゅうり、まくわうり、ささげ、ねぎ、ごま、にんにく、ふき、せり、かぶ、みょうがなどが宮廷《きゅうてい》の菜園《さいえん》で栽培《さいばい》されたり、自生《じせい》していたりした。
うり、なす、だいこん、わらび、せり、ふきなどはつけものにされ、保存食《ほぞんしょく》になっていたが、おもに貴族《きぞく》が食《た》べていた。

鎌倉時代《かまくらじだい》

質素《しっそ》を重《おも》んじる武家社会《ぶけしゃかい》だったので、食生活《しょくせいかつ》の面《めん》でも質素《しっそ》だった。武士以上《ぶしいじょう》に庶民《しょみん》の生活《せいかつ》は質素《しっそ》で、山菜《さんさい》やだいこん、にんじん、ごぼうなどは、泥以外《どろいがい》は端《はし》までたいせつに食《た》べるのが仏《ほとけ》の教《おし》えであったため、野菜《やさい》や山菜《さんさい》をのこすことなく食《た》べるくふうをしていた。

室町時代《むろまちじだい》

野菜《やさい》の栽培法《さいばいほう》が発達《はったつ》しはじめた*。山城《やましろ》（現在《げんざい》の京都府南部《きょうとふなんぶ》）、大和《やまと》（奈良県《ならけん》）、近江《おうみ》（滋賀県《しがけん》）、美濃《みの》（岐阜県南部《ぎふけんなんぶ》）には野菜《やさい》の栽培地《さいばいち》ができ、諸国《しょこく》に名産《めいさん》が出《で》まわるようになった。

*鎌倉時代《かまくらじだい》に伝来《でんらい》した仏教《ぶっきょう》が肉食禁止《にくしょくきんし》という食生活《しょくせいかつ》を広《ひろ》めたので、野菜《やさい》の調理法《ちょうりほう》が発達《はったつ》することとなった。

地野菜《じやさい》と伝統野菜《でんとうやさい》

日本《にほん》に渡来《とらい》した野菜《やさい》は、日本各地《にほんかくち》の気候《きこう》や風土《ふうど》、土《つち》の性質《せいしつ》などとあうように変化《へんか》し、地域独特《ちいきどくとく》の野菜《やさい》として育《そだ》っていきました。そして人《ひと》びとの移動《いどう》にともない、新《あたら》しい土地《とち》へ伝《つた》わり、環境《かんきょう》にあわせてすがたや形《かたち》をかえていきました。これが「地野菜《じやさい》」といわれ、その地域《ちいき》の特産品《とくさんひん》となっています。そのなかでも、明治時代《めいじじだい》から品種改良《ひんしゅかいりょう》されずに受《う》けつがれている野菜《やさい》、地域《ちいき》によっては第二次世界大戦終了前《だいにじせかいたいせんしゅうりょうまえ》（1945年以前《ねんいぜん》）から栽培《さいばい》がつづけられている野菜《やさい》は「伝統野菜《でんとうやさい》」とよばれ、それぞれの土地《とち》に根《ね》づいて人《ひと》びとに愛《あい》され、利用《りよう》されています。

「伝統野菜《でんとうやさい》」は、1970年代以降《ねんだいいこう》、大量生産《たいりょうせいさん》と大量消費《たいりょうしょうひ》の波《なみ》にのまれて衰退《すいたい》し、農家《のうか》の自家用野菜《じかようやさい》として細《ほそ》ぼそと育《そだ》てられていましたが、伝統《でんとう》をのこそう! という地元《じもと》の人《ひと》びとの努力《どりょく》によって、ふたたび力《ちから》をつけはじめています。

安土桃山時代《あづちももやまじだい》

キリシタンの来日《らいにち》とともに南蛮文化《なんばんぶんか》*が伝《つた》わり、かぼちゃ、すいか、とうがらし、ほうれんそう、トマトなどが渡来《とらい》してきた。

*ポルトガル、スペインなどの宣教師《せんきょうし》や貿易商《ぼうえきしょう》によって伝《つた》えられた西洋文化《せいようぶんか》。キリシタンは、ポルトガル語《ご》で「キリスト教徒《きょうと》」という意味《いみ》。

江戸時代《えどじだい》

鎖国政策《さこくせいさく》をとっていた江戸時代《えどじだい》のもっとも重要《じゅうよう》な野菜《やさい》はだいこんで、脇役《わきやく》はうり類《るい》だった。うりのなかでも、まくわうりは古《ふる》くから栽培《さいばい》されていて、上流階級《じょうりゅうかいきゅう》の人《ひと》たちのフルーツとして食《た》べられていたといわれる。

葉《は》ものにかわる野菜《やさい》は、自生《じせい》の野草《やそう》や山菜《さんさい》にたよることが多《おお》かった。また野菜類《やさいるい》は生《なま》では食《た》べず、つけものにして保存食《ほぞんしょく》としてたいせつに食《た》べた。煮《に》て食《た》べることも多《おお》かった。

幕末《ばくまつ》~明治《めいじ》時代《じだい》

幕末《ばくまつ》には、穀類《こくるい》や野菜類《やさいるい》の種子《しゅし》を取《と》りよせるようになる。明治政府《めいじせいふ》は1874～1876（明治《めいじ》7～9）年《ねん》には、輸入《ゆにゅう》した種子《しゅし》を全国《ぜんこく》に配布《はいふ》するようになった。このころの庶民《しょみん》の食生活《しょくせいかつ》では、根菜類《こんさいるい》の利用《りよう》が多《おお》かったようだ。

文明開化《ぶんめいかいか》により、牛鍋《ぎゅうなべ》、コロッケ、トンカツ、カレーなどの洋食《ようしょく》が浸透《しんとう》するとともに、じゃがいも、たまねぎ、キャベツなどが普及《ふきゅう》しはじめた。

第二次世界《だいにじせかい》大戦後《たいせんご》

欧米《おうべい》のさまざまな食文化《しょくぶんか》を受《う》けいれるようになり、アスパラガス、カリフラワー、芽《め》キャベツ、レタスなどが普及《ふきゅう》するようになった。

交通機関《こうつうきかん》の発達《はったつ》により、野菜類《やさいるい》は日本各地《にほんかくち》から都市部《としぶ》へも出荷《しゅっか》されるようになり、地方《ちほう》の特徴《とくちょう》ある伝統野菜《でんとうやさい》も都市《とし》へ出荷《しゅっか》されるようになった。

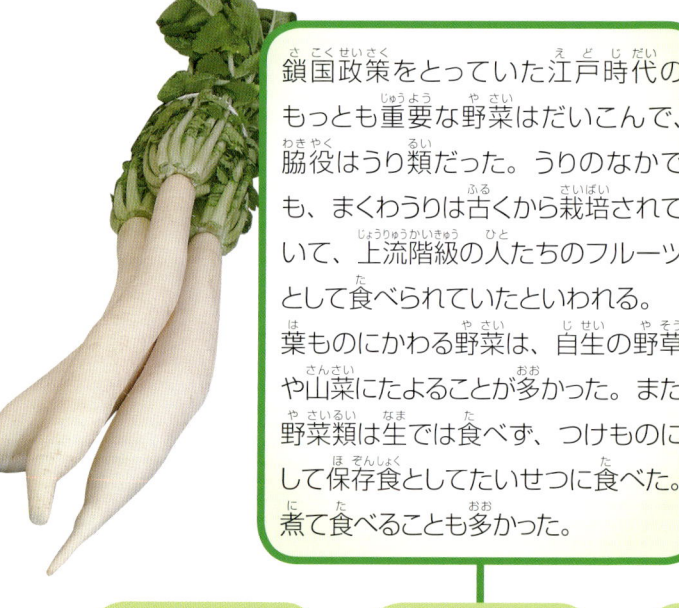

テーマ3

生《う》まれ故郷《こきょう》はどこ?

野菜《やさい》の原産地《げんさんち》

野菜《やさい》の原産地《げんさんち》は、地中海沿岸《ちちゅうかいえんがん》から中央《ちゅうおう》アジア、中央《ちゅうおう》アメリカから南《みなみ》アメリカにかけて集中《しゅうちゅう》しています。これらは「野菜《やさい》ベルト地帯《ちたい》」といわれています。中米《ちゅうべい》から南米《なんべい》が原産《げんさん》の野菜《やさい》は、コロンブスらによってヨーロッパにもちかえられ、世界《せかい》に広《ひろ》まりました。

野菜《やさい》の原産地地図《げんさんちちず》

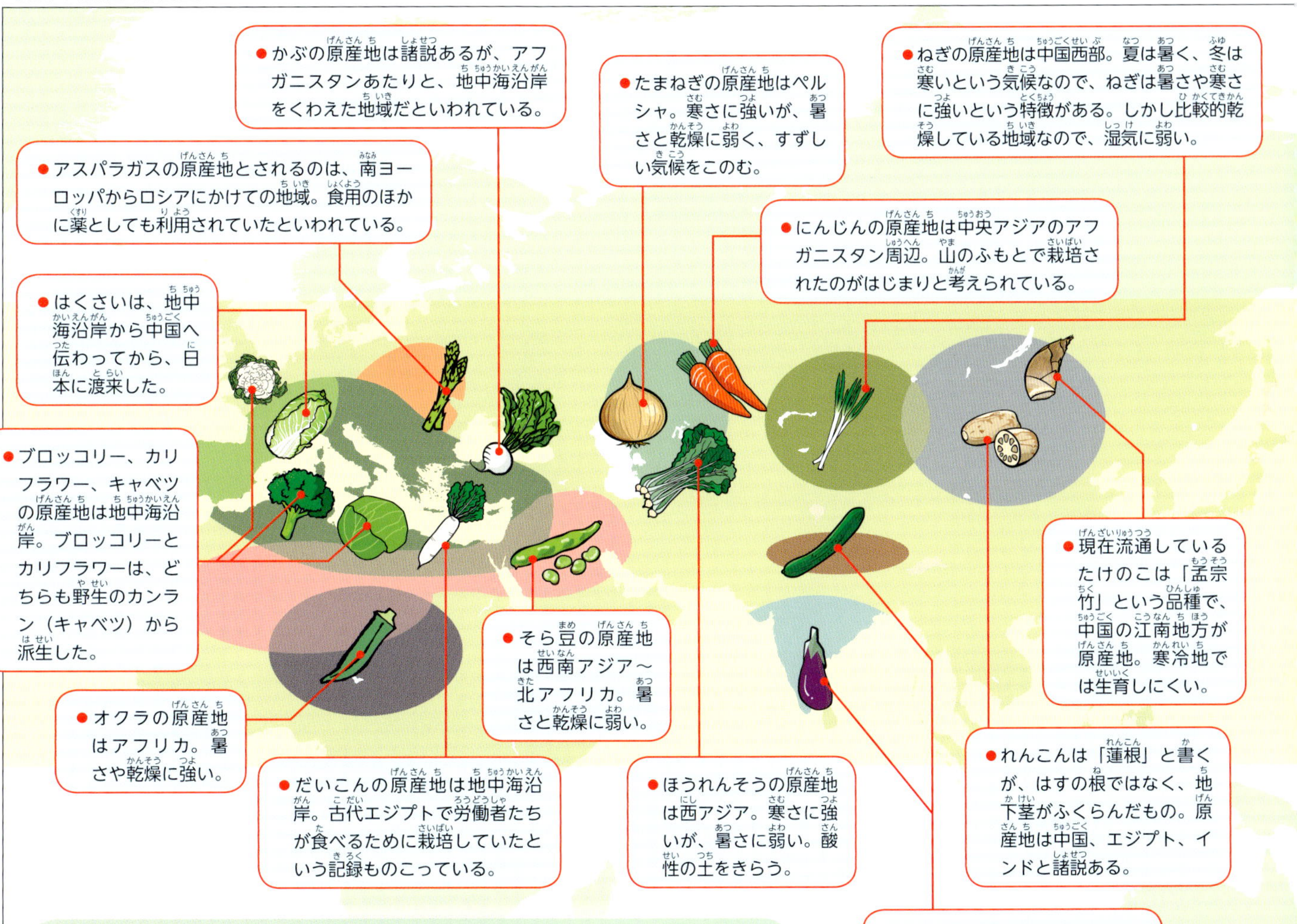
●かぶの原産地《げんさんち》は諸説《しょせつ》あるが、アフガニスタンあたりと、地中海沿岸《ちちゅうかいえんがん》をくわえた地域だといわれている。
●たまねぎの原産地《げんさんち》はペルシャ。寒《さむ》さに強《つよ》いが、暑《あつ》さと乾燥《かんそう》に弱《よわ》く、すずしい気候《きこう》をこのむ。
●ねぎの原産地《げんさんち》は中国西部《ちゅうごくせいぶ》。夏《なつ》は暑《あつ》く、冬《ふゆ》は寒《さむ》いという気候《きこう》なので、ねぎは暑《あつ》さや寒《さむ》さに強《つよ》いという特徴《とくちょう》がある。しかし比較的乾《ひかくてきかん》燥《そう》している地域《ちいき》なので、湿気《しっけ》に弱《よわ》い。
●アスパラガスの原産地《げんさんち》とされるのは、南《みなみ》ヨーロッパからロシアにかけての地域《ちいき》。食用《しょくよう》のほかに薬《くすり》としても利用《りよう》されていたといわれている。
●にんじんの原産地《げんさんち》は中央《ちゅうおう》アジアのアフガニスタン周辺《しゅうへん》。山《やま》のふもとで栽培《さいばい》されたのがはじまりと考《かんが》えられている。
●はくさいは、地中《ちちゅう》海沿岸《かいえんがん》から中国《ちゅうごく》へ伝《つた》わってから、日《に》本《ほん》に渡来《とらい》した。
●ブロッコリー、カリフラワー、キャベツの原産地《げんさんち》は地中海沿《ちちゅうかいえん》岸《がん》。ブロッコリーとカリフラワーは、どちらも野生《やせい》のカンラン(キャベツ)から派生《はせい》した。
●現在流通《げんざいりゅうつう》している たけのこは「孟宗《もうそう》竹《ちく》」という品種《ひんしゅ》で、中国《ちゅうごく》の江南地方《こうなんちほう》が原産地《げんさんち》。寒冷地《かんれいち》では生育《せいいく》しにくい。
●そら豆《まめ》の原産地《げんさんち》は西南《せいなん》アジア〜北《きた》アフリカ。暑《あつ》さと乾燥《かんそう》に弱《よわ》い。
●オクラの原産地《げんさんち》はアフリカ。暑《あつ》さや乾燥《かんそう》に強《つよ》い。
●だいこんの原産地《げんさんち》は地中海沿《ちちゅうかいえん》岸《がん》。古代《こだい》エジプトで労働者《ろうどうしゃ》たちが食《た》べるために栽培《さいばい》していたという記録《きろく》ものこっている。
●ほうれんそうの原産地《げんさんち》は西《にし》アジア。寒《さむ》さに強《つよ》いが、暑《あつ》さに弱《よわ》い。酸《さん》性《せい》の土《つち》をきらう。
●れんこんは「蓮根《れんこん》」と書《か》くが、はすの根《ね》ではなく、地《ち》下茎《かけい》がふくらんだもの。原《げん》産地《さんち》は中国《ちゅうごく》、エジプト、インドと諸説《しょせつ》ある。
●なすやきゅうりは、インドなどの東南《とうなん》アジアが原産地《げんさんち》。インドは気温《きおん》が高《たか》く、湿気《しっけ》も多《おお》いので、なすときゅうりは暑《あつ》さに強《つよ》く、乾燥《かんそう》をきらう。トマト、じゃがいも、ピーマンもなす科《か》だが、それらは南米《なんべい》が原産地《げんさんち》。

日本原産《にほんげんさん》とされる野菜《やさい》

わたしたちがふだん食《た》べている野菜《やさい》のほとんどは、海外原産《かいがいげんさん》のものです。日本原産《にほんげんさん》とされる野菜《やさい》は、20種類《しゅるい》ほどしかないと考《かんが》えられています。おもなものは、うど、やまいも(じねんじょ)、せり、ふき、みつば、みょうが、わさび、じゅんさい、あさつき、さんしょう、ゆりなどです。

南《みなみ》ヨーロッパ〜ロシア
アスパラガス

地中海沿岸《ちちゅうかいえんがん》
はくさい　キャベツ
ブロッコリー　だいこん　かぶ

アフリカ
オクラ

西南《せいなん》アジア〜北《きた》アフリカ（推定《すいてい》）
そら豆《まめ》

ヨーロッパ西岸《せいがん》〜地中海沿岸《ちちゅうかいえんがん》
カリフラワー

インド（推定《すいてい》）
なす

インド北西《ほくせい》ヒマラヤ山脈地帯《さんみゃくちたい》
きゅうり

中央《ちゅうおう》アジア
たまねぎ　にんじん
ほうれんそう

中国西部《ちゅうごくせいぶ》
ねぎ

中国《ちゅうごく》
れんこん、孟宗竹《もうそうちく》（たけのこ）

中央《ちゅうおう》アメリカ（中米《ちゅうべい》）
かぼちゃ　さつまいも
とうもろこし

中央《ちゅうおう》・南《みなみ》アメリカ（中南米《ちゅうなんべい》）
とうがらし　ピーマン

アンデス高原地帯《こうげんちたい》
トマト　じゃがいも

野菜《やさい》ベルト地帯《ちたい》

日本《にほん》の産地《さんち》とふるさと

野菜《やさい》には、あたたかいところをこのむもの、すずしいところをこのむもの、湿気《しっけ》をきらうもの、日《ひ》あたりのよいところがにがてなものなど、それぞれに特徴《とくちょう》があります。野菜《やさい》の原産地《げんさんち》がわかると、その地域《ちいき》の環境《かんきょう》を知《し》ることで、野菜《やさい》のおおまかな特徴《とくちょう》をつかむことができます。たとえばじゃがいもは、南米《なんべい》のアンデス高原《こうげん》が原産地《げんさんち》。高原《こうげん》の気候《きこう》はすずしいので、じゃがいもはすずしいところをこのみます。日本《にほん》でのじゃがいも生産量《せいさんりょう》1位《い》は、北海道《ほっかいどう》。やはりすずしい気候《きこう》が適《てき》しているといえそうです。

原産地《げんさんち》と旬《しゅん》

野菜《やさい》の原産地《げんさんち》と旬《しゅん》には、深《ふか》い関係《かんけい》があります。「旬《しゅん》」とは野菜《やさい》の味《あじ》がもっともよいときのことで、この時季《じき》にはたくさんとれます。たとえば夏《なつ》が旬《しゅん》の野菜《やさい》はあたたかい地域《ちいき》が、冬《ふゆ》が旬《しゅん》の野菜《やさい》はすずしい地域《ちいき》が原産《げんさん》です。原産地《げんさんち》の気候《きこう》と、それぞれの野菜《やさい》の旬《しゅん》の時季《じき》の気候《きこう》がかさなっていることがわかります。

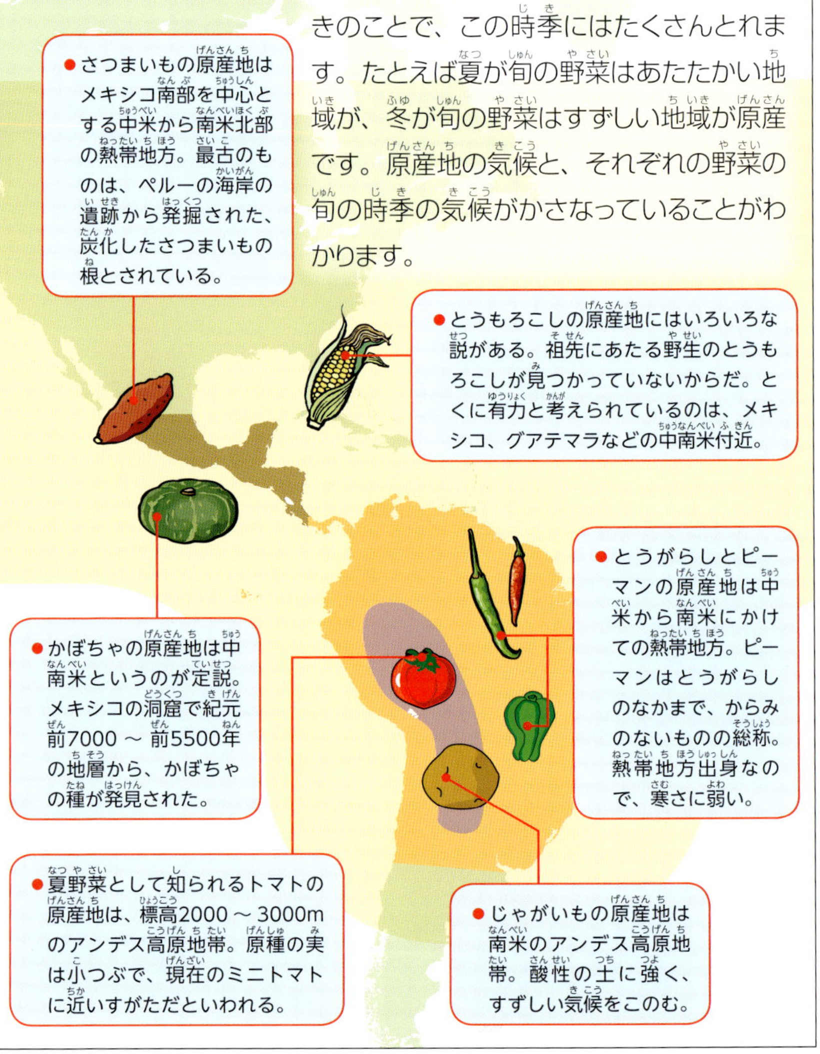

●さつまいもの原産地《げんさんち》はメキシコ南部《なんぶ》を中心《ちゅうしん》とする中米《ちゅうべい》から南米北部《なんべいほくぶ》の熱帯地方《ねったいちほう》。最古《さいこ》のものは、ペルーの海岸《かいがん》の遺跡《いせき》から発掘《はっくつ》された、炭化《たんか》したさつまいもの根《ね》とされている。
●とうもろこしの原産地《げんさんち》にはいろいろな説《せつ》がある。祖先《そせん》にあたる野生《やせい》のとうもろこしが見《み》つかっていないからだ。とくに有力《ゆうりょく》と考《かんが》えられているのは、メキシコ、グアテマラなどの中南米付近《ちゅうなんべいふきん》。
●とうがらしとピーマンの原産地《げんさんち》は中《ちゅう》米から南米《なんべい》にかけての熱帯地方《ねったいちほう》。ピーマンはとうがらしのなかまで、からみのないものの総称《そうしょう》。熱帯地方出身《ねったいちほうしゅっしん》なので、寒《さむ》さに弱《よわ》い。
●かぼちゃの原産地《げんさんち》は中《ちゅう》南米《なんべい》というのが定説《ていせつ》。メキシコの洞窟《どうくつ》で紀元《きげん》前《ぜん》7000 〜 前《ぜん》5500年《ねん》の地層《ちそう》から、かぼちゃの種《たね》が発見《はっけん》された。
●夏野菜《なつやさい》として知《し》られるトマトの原産地《げんさんち》は、標高《ひょうこう》2000 〜 3000mのアンデス高原地帯《こうげんちたい》。原種《げんしゅ》の実《み》は小《こ》つぶで、現在《げんざい》のミニトマトに近《ちか》いすがただといわれる。
●じゃがいもの原産地《げんさんち》は南米《なんべい》のアンデス高原地《こうげんち》帯《たい》。酸性《さんせい》の土《つち》に強《つよ》く、すずしい気候《きこう》をこのむ。

出典：文藝春秋５月臨時増刊『くりま』P20，2009年をもとに作成

テーマ4

全国《ぜんこく》の地《じ》だいこんくらべ
こんなにちがう、だいこん

だいこんは古《ふる》くからある野菜《やさい》で、江戸時代《えどじだい》になると、それぞれの土地《とち》にあったたくさんの品種《ひんしゅ》がうまれました。つけものにしたり、乾燥《かんそう》させたりすることもできるので、保存食《ほぞんしょく》としてたいせつな野菜《やさい》です。

大《おお》きさも形《かたち》もバラエティ豊《ゆた》か

だいこんは、つくっている畑《はたけ》の面積《めんせき》や生産《せいさん》量《りょう》が、日本《にほん》でいちばん多《おお》い野菜《やさい》です。米《こめ》が不足《ふそく》したときには主食《しゅしょく》のかわりになるので、飢餓対策《きがたいさく》としても全国的《ぜんこくてき》に栽培《さいばい》されました。

広《ひろ》くいっぱんに出《で》まわっているもののほとんどは、「青首《あおくび》だいこん」（→右《みぎ》ページの宮重《みやしげ》だいこん参照《さんしょう》）といわれている種類《しゅるい》のものですが、多《おお》くの品種《ひんしゅ》があり、根《ね》の長《なが》さや太《ふと》さなど、さまざまな形《かたち》があります。また、皮《かわ》の色《いろ》も白色《はくしょく》のほかに、赤《あか》い色《いろ》をしたものも見《み》られます。海外《かいがい》のものでは、まっくろい皮《かわ》のものや、なかまで赤《あか》いものもあります。

かぶのように丸《まる》い形《かたち》

❷京都府《きょうとふ》 聖護院《しょうごいん》だいこん
（→64ページ）

京都《きょうと》に古《ふる》くからあった丸形《まるがた》のだいこんと、宮重《みやしげ》だいこんとが交《こう》雑《ざつ》してできた長円形《ちょうえんけい》のだいこん。

いちばん小《ち》さい

ラディッシュ

明治時代以降《めいじじだいいこう》、欧米《おうべい》から導入《どうにゅう》された小形《こがた》のだいこん。はつかだいこんともいう。

❶鹿児島県《かごしまけん》 桜島《さくらじま》だいこん
（→91ページ）

世界最大《せかいさいだい》のだいこん。大《おお》きいものは20kgをこえる。

世界最大《せかいさいだい》！

ミニサイズでからい

3 長野県《ながのけん》 ねずみだいこん

大《おお》きさは手《て》のひらほど。見《み》た目《め》がねずみのようなので、その名《な》がついた。おろしても汁気《しるけ》があまり出《で》ず、からみが強《つよ》い。

青首《あおくび》だいこん

4 愛知県《あいちけん》 宮重《みやしげ》だいこん

（→59ページ）

青首《あおくび》だいこんのルーツ。円筒形《えんとうけい》で根《ね》の上部《じょうぶ》が淡《あわ》い緑色《みどりいろ》をしている。市《し》場《じょう》に出《で》まわっているものの大半《たいはん》がこの種類《しゅるい》。

コンパクトなサイズ

5 石川県《いしかわけん》 源助《げんすけ》だいこん

太《ふと》くて短《みじか》いのが特徴《とくちょう》。

赤《あか》だいこん

6 山口県《やまぐちけん》 岩国赤《いわくにあか》だいこん

（→77ページ）

外《そと》から見《み》ると赤《あか》いが、なかは白《しろ》い。

世界最長《せかいさいちょう》!

7 岐阜県《ぎふけん》 守口《もりぐち》だいこん

（→57ページ）

発祥《はっしょう》は河内国守口《かわちのくにもりぐち》（現在《げんざい》の大阪《おおさか》府守口市《ふもりぐちし》）。世界最長《せかいさいちょう》のだいこんで、長《なが》さが1m以上《いじょう》ある。

白《しろ》だいこん

8 神奈川県《かながわけん》 三浦《みうら》だいこん

（→46ページ）

三浦半島《みうらはんとう》で江戸時代《えどじだい》から栽培《さいばい》され、長年《ながねん》にわたって名声《めいせい》をたもってきたが、近年《きんねん》は小《ちい》さいサイズであまみのある「青首《あおくび》だいこん」が主流《しゅりゅう》をしめ、現在《げんざい》は正月用《しょうがつよう》として出荷《しゅっか》されている。

9 東京都《とうきょうと》 練馬《ねりま》だいこん

（→45ページ）

根《ね》の首《くび》の部分《ぶぶん》まで白《しろ》い。たくあんづけなどに使《つか》われる。

テーマ5

大《おお》きさも形《かたち》もいろいろ こんなにちがう、かぶ

かぶは、もっとも古《ふる》く日本《にほん》へ伝《つた》わった野菜《やさい》のひとつです。江戸時代《えどじだい》にはすでに日本全国《にほんぜんこく》で栽培《さいばい》されていて、飢《き》きんのときには主食《しゅしょく》のかわりに食《た》べられました。たくさんの品種《ひんしゅ》があり、地域《ちいき》により色《いろ》や形《かたち》、味《あじ》に特徴《とくちょう》があります。

天下分《てんかわ》け目《め》の東西《とうざい》かぶらライン

日本《にほん》のかぶは大《おお》きく2種類《しゅるい》に分《わ》けられます。おもに東日本《ひがしにほん》で多《おお》い「洋種系《ようしゅけい》」は、ヨーロッパ経由《けいゆ》で伝《つた》わった品種《ひんしゅ》です。西日本《にしにほん》で多《おお》いのは、ルーツが不明《ふめい》で、突然変異《とつぜんへんい》でうまれた「和種系《わしゅけい》」です。愛知《あいち》－岐阜《ぎふ》－福井《ふくい》を結《むす》ぶあたりで分《わ》けられますが、その境界線《きょうかいせん》は「かぶら（かぶ）ライン」とよばれています。

洋種系《ようしゅけい》は寒《さむ》さに強《つよ》く、赤《あか》かぶが多《おお》くあります。

和種系《わしゅけい》は温暖《おんだん》な気候《きこう》をこのみ、根《ね》の水分《すいぶん》が多《おお》く、生《なま》でも食《た》べられます。長野県《ながのけん》の野沢菜《のざわな》（→56ページ）は、じつは和種系《わしゅけい》のかぶのなかまです。洋種系《ようしゅけい》と和種系《わしゅけい》のよいところをとって改良《かいりょう》された中間種《ちゅうかんしゅ》として、小《こ》かぶが全国的《ぜんこくてき》に栽培《さいばい》されています。

❶京都府《きょうとふ》 聖護院《しょうごいん》かぶ

大形《おおがた》の白《しろ》くて丸《まる》いかぶ。大《おお》きいものは4kgほどになる。京都名産《きょうとめいさん》の千枚《せんまい》づけ（→22ページ）というつけものをつくるのにも使《つか》われる。

❷大阪府《おおさかふ》 天王寺《てんのうじ》かぶら

（→65ページ）

江戸時代《えどじだい》から栽培《さいばい》されている。与謝野蕪村《よさのぶそん》に「名物《めいぶつ》や蕪《かぶら》のなかの天王寺《てんのうじ》」ともよまれている。日本《にほん》のかぶのルーツともいわれる。

かぶの別名《べつめい》は「すずな」

かぶは、「かぶら」「かぶな」「かぶらな」など別名《べつめい》を多《おお》くもち、なかでも「すずな」という名前《なまえ》で、春《はる》の七草《ななくさ》のひとつにかぞえられています。春《はる》の七草《ななくさ》は、「せり、なずな、ごぎょう、はこべら、ほとけのざ、すずな、すずしろ、これぞ七草《ななくさ》」です。1月7日《がつなのか》の朝《あさ》に7種《しゅ》の野菜《やさい》が入《はい》ったかゆを食《た》べて、邪気《じゃき》をはらい、万病《まんびょう》をのぞくと古《ふる》くからいいつたえられてきた風習《ふうしゅう》があり、この七草《ななくさ》がゆに使《つか》われる7種類《しゅるい》の野菜《やさい》(草《くさ》)をいいます。なずなは「ぺんぺん草《くさ》」、ごぎょうは「ははこ草《くさ》」、はこべらは「はこべ」、ほとけのざは「たびらこ」、すずしろは「だいこん」のことです。

だいこんのように細《ほそ》い

❹滋賀県《しがけん》 **日野菜《ひのな》**

(→63ページ)

根《ね》の形《かたち》が細《ほそ》いだいこんのよう。地上《ちじょう》に出《で》ている部分《ぶぶん》はむらさき色《いろ》で、地中《ちちゅう》の部分《ぶぶん》は、まっ白《しろ》。

赤《あか》いかぶ

❸山形県《やまがたけん》 **温海《あつみ》かぶ**

(→35ページ)

赤《あか》かぶとよばれているものにもたくさんの種類《しゅるい》がある。各地《かくち》で古《ふる》くからオリジナルの品種《ひんしゅ》がつくられてきている。

牛《うし》の角《つの》の形《かたち》

❺島根県《しまねけん》 **津田《つだ》かぶ**

(→74ページ)

根《ね》が「牛《うし》の角《つの》」のような形《かたち》をしていて、赤《あか》みがある。根《ね》の形《かたち》から「勾玉形《まがたまがた》」ともいわれる。

小形《こがた》!

❻東京都《とうきょうと》 **金町小《かなまちこ》かぶ**

根《ね》の部分《ぶぶん》が小《ちい》さく、白《しろ》くきめこまやか。もともとは東京都《とうきょうと》の葛飾区金町周辺《かつしかくかなまちしゅうへん》が原産《げんさん》といわれている。

テーマ 6

個《こ》性《せい》豊《ゆた》かにのびのび育《そだ》つ こんなにちがう、ねぎ

日本《にほん》にねぎが伝《つた》わったのはとても古《ふる》く、平安時代《へいあんじだい》にはすでに栽培《さいばい》されていました。関西《かんさい》よりも西《にし》では、ねぎの緑《みどり》の部分《ぶぶん》を食《た》べる「葉《は》ねぎ」が多《おお》く、関東《かんとう》より北《きた》では白《しろ》い部分《ぶぶん》を食《た》べる「根深《ねぶか》ねぎ」が多《おお》く栽培《さいばい》されています。

ねぎの分類《ぶんるい》

日本《にほん》のねぎは大《おお》きく分《わ》けて、「白《しろ》ねぎ（根深《ねぶか》ねぎ・長《なが》ねぎ）」と「青《あお》ねぎ（葉《は》ねぎ）」の２種類《しゅるい》があります。白《しろ》ねぎは、ねぎの本体部分《ほんたいぶぶん》を土《つち》にうめて白《しろ》く栽培《さいばい》したもので、この白《しろ》い部分《ぶぶん》を食《た》べるねぎです。青《あお》ねぎは、土《つち》を寄《よ》せずに葉《は》を育成《いくせい》して緑色《みどりいろ》の葉《は》の部分《ぶぶん》を食《た》べるねぎです。

種類別《しゅるいべつ》（群《ぐん》）で大別《たいべつ》すると３つに分《わ》けられます。

- 千住《せんじゅ》ねぎ群《ぐん》
- 加賀《かが》ねぎ群《ぐん》
- 九条《くじょう》ねぎ群《ぐん》

現在流通《げんざいりゅうつう》している白《しろ》ねぎのほとんどは、千住系《せんじゅけい》のねぎになります。

九条《くじょう》ねぎ群《ぐん》

長《なが》くてやわらかい葉《は》を食《た》べる、葉《は》ねぎ。

❷京都府《きょうとふ》 九条《くじょう》ねぎ
(→64ページ)

❶広島県《ひろしまけん》 観音《かんおん》ねぎ
(→76ページ)

❸兵庫県《ひょうごけん》 岩津《いわつ》ねぎ
(→66ページ)

千住《せんじゅ》ねぎ群《ぐん》

関東《かんとう》を中心《ちゅうしん》に栽培《さいばい》されている、根深《ねぶか》ねぎ。

❹東京都《とうきょうと》　**千住一本《せんじゅいっぽん》ねぎ**

加賀《かが》ねぎ群《ぐん》

北陸《ほくりく》、東北《とうほく》、北海道《ほっかいどう》に多《おお》い、太《ふと》くて短《みじか》いねぎ。

❺群馬県《ぐんまけん》　**下仁田《しもにた》ねぎ**

(→42ページ)

❻石川県《いしかわけん》　**金沢一本《かなざわいっぽん》ねぎ**

ねぎのなかま

❽広島県《ひろしまけん》　**広島《ひろしま》わけぎ**

(→76ページ)

わけぎは、ねぎとたまねぎの雑種《ざっしゅ》として分類《ぶんるい》される。原産《げんさん》地《ち》はギリシャ。

❾富山県《とやまけん》　**あさつき**

香《かお》りがまろやかな、若《わか》い青《あお》ねぎのこと。

まがりねぎ

❼宮城県《みやぎけん》　**仙台《せんだい》まがりねぎ**

(→33ページ)

まがりねぎ

耕土《こうど》が深《ふか》くとれない地域《ちいき》では、根《ね》深《ぶか》ねぎをあさい土《つち》にねかせて育《そだ》てる「やとい」という栽培方法《さいばいほうほう》が大正時《たいしょうじ》代初期《だいしょき》から始《はじ》まりました。写真《しゃしん》のようにすることで、まがった形《かたち》のやわらかいねぎが育《そだ》ちます。

テーマ7

丸形《まるがた》、卵形《たまごがた》、長《なが》さもいろいろ こんなにちがう、なす

なすはインド原産《げんさん》といわれ、中国《ちゅうごく》をわたって8世紀《せいき》ころ（平安時代《へいあんじだい》）に日本《にほん》へ伝《つた》わりました。江戸時代《えどじだい》には、すでにたくさんの品種《ひんしゅ》が栽培《さいばい》されていました。古《ふる》くから栽培《さいばい》されているので、日本全国《にほんぜんこく》にさまざまな品種《ひんしゅ》が育《そだ》っています。

なすのいろいろな形《かたち》

関東《かんとう》でよく見《み》られるのは卵形《たまごがた》のなすですが、ほかにも関西《かんさい》を中心《ちゅうしん》にして中長《ちゅうなが》なす（長卵形《ちょうらんけい》なす）や長《なが》なす、大長《おおなが》なす、丸《まる》なすなどいろいろな形《かたち》のなすがあります。

初夢《はつゆめ》で「一富士《いちふじ》、二鷹《にたか》、三茄子《さんなすび》」といわれるように、なすは縁起《えんぎ》ものとしてこのまれていました。それは、「なす」という音《おん》が「為《な》す」「成《な》す」につながるという説《せつ》と、初《はつ》もののなすがとても高価《こうか》だったからという説《せつ》などがあります。

小丸《こまる》なす

❸高知県《こうちけん》 十市《とおち》なす
(→81ページ)

重《おも》さ10～20g、3cmほどの小《ちい》さななす。一口《ひとくち》なすともいう。からしづけなどのつけものに使《つか》われる。

中長《ちゅうなが》なす

15cm前後《ぜんご》。現在《げんざい》もっとも多《おお》く出《で》まわるなすの代表格《だいひょうかく》。

❶岡山県《おかやまけん》 鶴海《つるみ》なす
(→75ページ)

長《なが》なす

20～30cmほどの長《なが》さになる細長《ほそなが》いなす。輪切《わぎ》りにしたとき、おなじくらいの大《おお》きさにできる。たくさんの品種《ひんしゅ》が各地《かくち》で栽培《さいばい》されている。

❷熊本県《くまもとけん》 熊本長《くまもとなが》なす
(→88ページ)

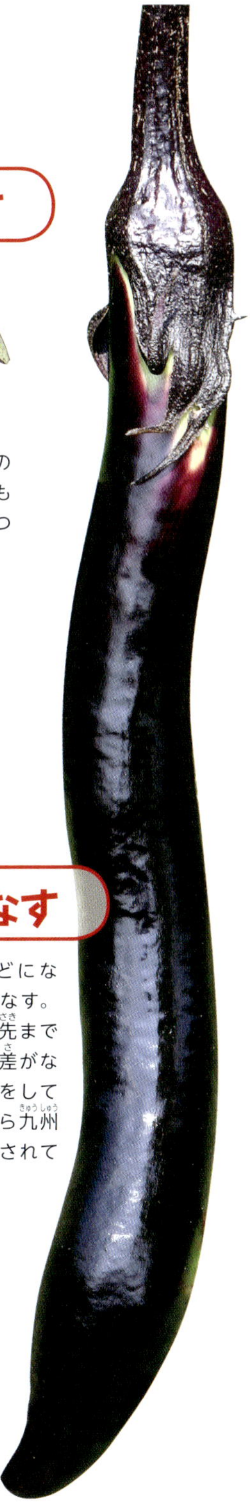

大長《おおなが》なす

40～60cmほどになるとても長《なが》いなす。首《くび》の部分《ぶぶん》から先《さき》まであまり太《ふと》さに差《さ》がない円筒状《えんとうじょう》の形《かたち》をしている。古《ふる》くから九州《きゅうしゅう》を中心《ちゅうしん》に栽培《さいばい》されてきた。

❹新潟県《にいがたけん》 巾着《きんちゃく》なす
(→51ページ)

丸《まる》なす

球形《きゅうけい》のなす。きめがこまかく、肉質《にくしつ》がやわらかい。

❺京都府《きょうとふ》 賀茂《かも》なす
(→64ページ)

水《みず》なす

しぼると水《みず》が出《で》るほど水分《すいぶん》が多《おお》く、生《なま》でも食《た》べられる。

❻和歌山県《わかやまけん》 水《みず》なす
(→68ページ)

米《べい》なす

米《べい》なすは、アメリカのブラックビューティという品種《ひんしゅ》を日本《にほん》で改良《かいりょう》したものといわれている。ヘタが緑色《みどりいろ》で、表皮《ひょうひ》がこいむらさき色《いろ》の大形《おおがた》なす。

なすの色《いろ》

黒《くろ》むらさき色《いろ》をした独特《どくとく》のなすの色《いろ》は、日本独自《にほんどくじ》の色《いろ》ともいえます。紫外線《しがいせん》のすくないハウス栽培《さいばい》で改良《かいりょう》をかさねてきたからだといわれていて、外国《がいこく》では白《しろ》や青《あお》いなすがほとんどです。色《いろ》や外見《がいけん》から卵植物《たまごしょくぶつ》(eggplant《エッグプラント》)とよばれるくらいなので、黒《くろ》い色《いろ》をしているのは、世界的《せかいてき》に見《み》てめずらしいのです。

白なす

テーマ 8

長《なが》い年月《ねんげつ》をかけてつくられてきた土地《とち》の味《あじ》

日本各地《にほんかくち》の名産《めいさん》つけもの

日本各地《にほんかくち》には、それぞれの地域《ちいき》の地野菜《じやさい》や伝統野菜《でんとうやさい》を使《つか》った、さまざまなつけものがあります。古《ふる》くは保存食《ほぞんしょく》として、冬《ふゆ》の収穫《しゅうかく》がない時期《じき》のたいせつな食料《しょくりょう》になっていました。

東日本《ひがしにほん》

❶北海道《ほっかいどう》 赤《あか》かぶの千枚《せんまい》づけ

赤《あか》かぶをスライスし、塩《しお》づけや酢《す》づけ、あま酢《ず》づけなどにする。酢《す》を使《つか》うと、しんまで赤《あか》みをおびる。北海道《ほっかいどう》のほか、岐阜県高山市《ぎふけんたかやまし》、山形県《やまがたけん》、愛媛県《えひめけん》などでもつくられる。

❷岩手県《いわてけん》 金婚《きんこん》づけ

しろうりのなかに、だいこんやごぼう、にんじんなどをコンブで巻《ま》いてつめ、しょうゆやみそでつける。つけもの床《どこ》のなかで熟成《じゅくせい》させ、時間《じかん》がたてばたつほどいい味《あじ》が出《で》てくることから、長《なが》く連《つ》れそった夫婦《ふうふ》になぞらえて「金婚《きんこん》」づけ、あるいは、その形《かたち》が岩手県《いわてけん》の陸中海岸《りくちゅうかいがん》にいるナマコ（キンコとよばれる）ににていることから名前《なまえ》がついたといわれている。

❸宮城県《みやぎけん》 仙台長《せんだいなが》なすづけ

皮《かわ》がうすく肉厚《にくあつ》な宮城県《みやぎけん》の伝統野菜《でんとうやさい》・仙台長《せんだいなが》なす（→33ページ）のもちあじを生《い》かし、うす味《あじ》のしょうゆにつけこんでつくる。

❹山形県《やまがたけん》 温海《あつみ》かぶづけ

温海《あつみ》かぶ（→35ページ）を丸《まる》ごとあま酢《ず》につけこむ。

❺栃木県《とちぎけん》 たまりづけ

栃木県《とちぎけん》の日光地方《にっこうちほう》（今市《いまいち》）は、古《ふる》くからみそやしょうゆづくりがさかんだった。みそやしょうゆをつくるときにできるうわずみの汁《しる》（たまり液《えき》）に、新鮮《しんせん》な野菜《やさい》をつけこんでお茶《ちゃ》うけとして出《だ》したのがはじまりといわれる。古《ふる》くから日光街道《にっこうかいどう》はおおぜいの参拝《さんぱい》者《しゃ》が行《ゆ》きかい、宿場《しゅくば》や茶屋《ちゃや》でお茶《ちゃ》うけとしてふるまわれたこのつけものが、参拝者《さんぱいしゃ》たちのみやげものとしてもてはやされて広《ひろ》まったといわれる。らっきょうやきゅうり、ごぼう、だいこんなど、つけこむ野菜《やさい》の種類《しゅるい》も豊富《ほうふ》。

❻ 千葉県《ちばけん》 うりの鉄砲《てっぽう》づけ

うりの種《たね》の部分《ぶぶん》をぬき、ここにしそで巻《ま》いた青《あお》とうがらしを入《い》れて、しょうゆまたはみそづけにしたもの。たくさんとれる夏《なつ》に塩蔵《えんぞう》したうりを秋《あき》から冬《ふゆ》にかけて塩《しお》ぬきし、しょうゆを入《い》れた調味液《ちょうみえき》か、みそにつける。しろうりを鉄砲《てっぽう》のつつに、なかに入《はい》っているしそ巻《ま》き青《あお》とうがらしを弾丸《だんがん》に見立《みた》てるところから「鉄砲《てっぽう》づけ」という名《な》がついた。岩手県《いわてけん》の「金婚《きんこん》づけ」(→20ページ)、三重県《みえけん》の「養肝《ようかん》づけ」(→22ページ)なども同様《どうよう》につくられる。

❼ 東京都《とうきょうと》 べったらづけ

だいこんの皮《かわ》を厚《あつ》めにむき、下《した》づけで塩《しお》おししただいこんを、さとう、米《こめ》、米《こめ》こうじで本《ほん》づけする。表面《ひょうめん》についたこうじがべとべとしていることから、この名《な》がついた。歴史《れきし》が古《ふる》く、江戸時代中期《えどじだいちゅうき》、大伝馬町《おおでんまちょう》（現在《げんざい》の日本橋本町《にほんばしほんちょう》、日本橋大伝馬町《にほんばしおおでんまちょう》）の宝田恵比寿《たからだえびす》神社《じんじゃ》の例祭《れいさい》で「べったら市《いち》」が開《ひら》かれ、農家《のうか》の人《ひと》がつくったべったらづけを売《う》りはじめた。東京《とうきょう》を代表《だいひょう》する名産品《めいさんひん》といわれている。

❽ 神奈川県《かながわけん》 桜《さくら》の花《はな》づけ

八重桜《やえざくら》を塩《しお》と梅酢《うめず》につけたもの。結婚式《けっこんしき》などのおめでたい席《せき》で桜湯《さくらゆ》としてもちいられるほか、あんぱんの上《うえ》にのせられたり、桜《さくら》ごはんなどに使《つか》われたりする。小田原《おだわら》の名産品《めいさんひん》となっている。

❾ 新潟県《にいがたけん》 越後《えちご》の味噌《みそ》づけ

日本一《にほんいち》の米《こめ》どころをほこる新潟県産《にいがたけんさん》の米《こめ》を使《つか》った米《こめ》みそが越後《えちご》みそ。熟成期間《じゅくせいきかん》が長《なが》く、みそづけに適《てき》しているので、だいこんやしょうがなどのみそ床《どこ》としてもちいられる。

❿ 長野県《ながのけん》 野沢菜《のざわな》づけ

野沢菜《のざわな》(→56ページ)の葉《は》と茎《くき》を塩《しお》づけにしたもの。あさづけと古《ふる》づけがある。あさづけ(写真)は収穫《しゅうかく》から2～3日《にち》でつけこみ出荷《しゅっか》されたもので、緑色《みどりいろ》をしている。一方《いっぽう》、古《ふる》づけは、乳酸発酵《にゅうさんはっこう》を促進《そくしん》させ、あめ色《いろ》になるまでつけこむ。古《ふる》づけは多少《たしょう》の酸味《さんみ》がある。

⓫ 静岡県《しずおかけん》 わさびづけ

わさび(→58ページ)の根《ね》と茎《くき》をみじん切《ぎ》りにし、塩《しお》づけにしてから、熟成《じゅくせい》させた酒《さけ》かすをまぜ、塩《しお》、さとうなどをねりあわせてあえたつけもの。

⓬ 福井県《ふくいけん》 花《はな》らっきょうづけ

福井県《ふくいけん》の三国町《みくにちょう》でとれる花《はな》らっきょう(→54ページ)は、植《う》えつけから収穫《しゅうかく》まで「足《あし》かけ3年《ねん》」の年月《ねんげつ》をかけて栽培《さいばい》されることから「三《さん》年子《ねんご》」とよばれる。収穫《しゅうかく》された三年子《さんねんご》は、根《ね》と頭《あたま》を切《き》りおとされてあま酢《ず》づけに加工《かこう》され、「花《はな》らっきょ」という名前《なまえ》で出荷《しゅっか》される。

⓭ 愛知県《あいちけん》 守口《もりぐち》づけ

塩《しお》づけした守口《もりぐち》だいこん(→57ページ)を酒《さけ》かすにつけこみ、せんい質《しつ》をやわらかくしたあとに、みりんかすでつけこんだもの。守口《もりぐち》だいこんは、戦前《せんぜん》、岐阜県《ぎふけん》の岐阜市《ぎふし》のみで栽培《さいばい》されていたが、1952（昭和《しょうわ》27）年《ねん》ころから愛知県《あいちけん》の扶桑町《ふそうちょう》でも栽培《さいばい》されるようになった。

つけものの神社《じんじゃ》

愛知県《あいちけん》あま市《し》に、日本《にほん》でただひとつといわれるつけものの神社《じんじゃ》として知《し》られる「萱津神社《かやづじんじゃ》」があります。境内《けいだい》にはつけものをおさめる「香《こう》の物《もの》殿《でん》」があり、毎年《まいとし》8月《がつ》21日《にち》につけものの祭礼《さいれい》がおこなわれています。

西日本《にしにほん》

❶三重県《みえけん》 養肝《ようかん》づけ

しろうりのしんをぬき、なかにしその実《み》と葉《は》、しょうが、だいこん、きゅうりなどの野菜《やさい》をきざんだものを入《い》れ、たまりしょうゆでつける。初代藩主藤堂高虎《しょだいはんしゅとうどうたかとら》が陣中食《じんちゅうしょく》あるいは携帯食《けいたいしょく》として貯蔵《ちょぞう》し、武士《ぶし》の「肝《きも》を養《やしな》う」つけものとしていたことからその名《な》がついたといわれている。

❷滋賀県《しがけん》 日野菜《ひのな》づけ

滋賀県発祥《しがけんはっしょう》の野菜《やさい》のなかで、全国《ぜんこく》に広《ひろ》まったもっとも有名《ゆうめい》な野菜《やさい》として知られる日野菜《ひのな》(→63ページ)。日野菜《ひのな》はかぶの一種《いっしゅ》で、つけものとして滋賀《しが》の食文化財《しょくぶんかざい》とされている。

❸京都府《きょうとふ》 しばづけ

なすやきゅうり、みょうがなどをきざみ、赤《あか》しその葉《は》をくわえて塩《しお》づけにしたもの。「すぐきづけ」、「千枚《せんまい》づけ」とならんで京都《きょうと》の三大《さんだい》つけものといわれる。

❹京都府《きょうとふ》 すぐきづけ

かぶの変種《へんしゅ》である「すぐき菜《な》」を塩水《しおみず》で下《した》づけし、塩《しお》をまぶした本《ほん》づけを経《へ》て、室《むろ》のなかで加温《かおん》して発酵《はっこう》させる。つけあがると、独特《どくとく》の酸味《さんみ》がうまれる。

❺京都府《きょうとふ》 千枚《せんまい》づけ

京都《きょうと》を代表《だいひょう》するつけもののひとつ。京野菜《きょうやさい》の聖護院《しょうごいん》かぶ(→14ページ)を使《つか》ったものが知《し》られている。かぶをうすく切《き》り、たるにつけこむ枚数《まいすう》が1000枚以上《まいいじょう》、またはかぶを1000枚《まい》といえるほどうすく切《き》って使《つか》うことからこの名《な》がついたといわれる。元祖《がんそ》は江《え》戸時代後期《どじだいこうき》の天保年間《てんぽうねんかん》(1830〜1844年《ねん》)ころ、きざんだ聖護院《しょうごいん》かぶを塩《しお》づけにしたそぼくなものだった。現在《げんざい》のような輪切《わぎ》りになったのは幕末《ばくまつ》になってから。御所《ごしょ》の料理《りょうり》職人《しょくにん》が考案《こうあん》したといわれている。

❻奈良県《ならけん》 奈良《なら》づけ

しろうり、きゅうり、しょうがなどの野菜《やさい》を塩《しお》づけにし、新《あたら》しい酒《さけ》かすに何度《なんど》もつけかえながらつくるつけもの。奈良県発祥《ならけんはっしょう》の伝統食品《でんとうしょくひん》のひとつで、その起源《きげん》は約《やく》1300年前《ねんまえ》の奈良時代《ならじだい》にまでさかのぼるといわれている。もともと酒《さけ》かすに野菜《やさい》をつけこんだつけものが現在《げんざい》の奈良《なら》づけの基本《きほん》の形《かたち》になったといわれ、江戸時代《えどじだい》には幕府《ばくふ》への献《けん》上物《じょうもの》や東大寺《とうだいじ》に参拝《さんぱい》する人《ひと》びとにみやげものとして売《う》りだされ、旅人《たびびと》などによって全《ぜん》国《こく》に広《ひろ》まった。

つけ菜《な》とは

つけもの用《よう》の野菜《やさい》を「つけ菜《な》」とよびます。日本三大《にほんさんだい》つけ菜《な》といわれているのは「野《の》沢菜《ざわな》」「高菜《たかな》」「広島菜《ひろしまな》」です。全国的《ぜんこくてき》に知《し》られている「水菜《みずな》」「からし菜《な》」「すぐき菜《な》」のほかにも、地元《じもと》ではよく知《し》られているつけ菜《な》が全国各地《ぜんこくかくち》にはいろいろあります。なお、つけものとは、生《なま》の野菜《やさい》に塩分《えんぶん》をくわえてしんなりさせ、独特《どくとく》の風味《ふうみ》やうまみを味《あじ》わう加工法《かこうほう》です。おなじ種類《しゅるい》のつけ菜《な》が、はなれた土地《とち》の気候風土《きこうふうど》によって変化《へんか》して、その土地独特《とちどくとく》のつけものに加工《かこう》されていることもあります。

7 島根県《しまねけん》 津田《つだ》かぶづけ

津田《つだ》かぶ(→74ページ)は、牛《うし》の角《つの》、または勾玉《まがたま》のような形《かたち》が特徴《とくちょう》の赤《あか》かぶのこと。冬《ふゆ》の山陰《さんいん》を代表《だいひょう》する野菜《やさい》で、収穫後《しゅうかくご》、天日干《てんぴぼ》しで1週間《しゅうかん》ほど乾燥《かんそう》させ(これを「はで干《ぼ》し」という)、その後《ご》、米《こめ》ぬかと塩《しお》をまぜたぬか床《どこ》につけこみ、重《おも》しをする。

8 広島県《ひろしまけん》 広島菜《ひろしまな》づけ

広島菜《ひろしまな》(→76ページ)を塩《しお》で下《した》づけし、こうじ、塩《しお》、コンブなどで本《ほん》づけをする。そのまま食《た》べるほか、雑炊《ぞうすい》やチャーハンの具《ぐ》にしたり、おにぎりに巻《ま》いたりする。

9 愛媛県《えひめけん》 緋《ひ》のかぶらづけ

緋《ひ》のかぶら(伊予緋《いよひ》かぶ→80ページ)の原種《げんしゅ》は、近江国《おうみのくに》(現在《げんざい》の滋賀県《しがけん》)の日野菜《ひのな》(→63ページ)。かぶにふくまれる色素《しきそ》のアントシアニンが、酢《す》づけにされることで、酢《す》の成分《せいぶん》と反応《はんのう》して赤《あか》くきれいに発色《はっしょく》する。赤《あか》い色《いろ》がめでたいと、おせち料理《りょうり》にもかかせない食材《しょくざい》のひとつで、各家庭《かくかてい》でもつけられてきた。

10 福岡県《ふくおかけん》 高菜《たかな》づけ

高菜《たかな》を塩《しお》づけにして乳酸発酵《にゅうさんはっこう》させたつけもの。高菜《たかな》づけを具材《ぐざい》として炒《いた》めた高菜《たかな》チャーハンや、阿蘇名物《あそめいぶつ》の高菜《たかな》めし、きざまずに葉《は》を広《ひろ》げておにぎりをむすんだ「めはりずし」もよく知《し》られている。

11 宮崎県《みやざきけん》 しいたけのからしづけ

水《みず》でもどした干《ほ》ししいたけを蒸《む》し、蒸《む》しあがったものをからしとさとう、酢《す》にまぜあわせてつけこむ。2、3日《にち》おいて味《あじ》がしみこめば完成《かんせい》。

12 鹿児島県《かごしまけん》 さつまづけ

桜島《さくらじま》だいこん(→91ページ)を輪切《わぎ》りにして、塩《しお》で半年《はんとし》ほど下《した》づけしたあと、酒《さけ》かすにつけこむ。つけ床《どこ》をなんどもかえながら、1年《ねん》ほどかけてべっこう色《いろ》に仕上《しあ》げる。

13 沖縄県《おきなわけん》 島《しま》らっきょうのあさづけ

沖縄県《おきなわけん》で栽培《さいばい》されているらっきょうのことを「島《しま》らっきょう」とよぶ。こぶりで独特《どくとく》のからみがある。らっきょうをあま酢《ず》づけにする地《ち》域《いき》は多《おお》いが、沖縄《おきなわ》では生《なま》のまま塩《しお》でもみ、あさづけにしてかつお節《ぶし》をふりかけて食《た》べる。

テーマ9

地野菜《じやさい》や伝統野菜《でんとうやさい》が大変身《だいへんしん》
日本各地《にほんかくち》の特産品《とくさんひん》・名産品《めいさんひん》

日本各地《にほんかくち》では、古《ふる》くから地元《じもと》で育《そだ》てられてきた地野菜《じやさい》や伝統野菜《でんとうやさい》など、地元《じもと》の野菜《やさい》や果実《かじつ》にこだわった加工食品《かこうしょくひん》が生産《せいさん》されています。それらは特産品《とくさんひん》や名産品《めいさんひん》としてつくられつづけ、日本《にほん》の食文化《しょくぶんか》を豊《ゆた》かなものにしています。

❶青森県《あおもりけん》 黒《くろ》にんにく

黒《くろ》にんにくは、白《しろ》いにんにくを高温《こうおん》、多湿《たしつ》という環境《かんきょう》に3～4週間《しゅうかん》おくことで、熟成《じゅくせい》して黒《くろ》くなったもの。糖度《とうど》がふえ、ドライフルーツのような食感《しょっかん》になる。黒《くろ》にんにくの発祥《はっしょう》は三重県《みえけん》といわれているが、にんにくの生産量日本一《せいさんりょうにほんいち》の青森県《あおもりけん》で研究開発《けんきゅうかいはつ》が進《すす》められ、青森県産《あおもりけんさん》の黒《くろ》にんにくがうまれた。健康食品《けんこうしょくひん》として注目《ちゅうもく》されている。

❷岩手県《いわてけん》 甲子柿《かっしがき》

一見《いっけん》トマトのように見《み》える甲子柿《かっしがき》は、しぶ柿《がき》を柿室《かきむろ》とよばれる密閉《みっぺい》した空間《くうかん》で蒸《む》して、しぶみをぬいた柿《かき》。ふつうの柿《かき》とくらべてやわらかく、ゼリーのような食感《しょっかん》。

❸宮城県《みやぎけん》 ずんだもち

宮城県《みやぎけん》では、大豆《だいず》は米《こめ》、麦《むぎ》とともに主要農産物《しゅようのうさんぶつ》に位置《いち》づけられている。大豆《だいず》を若《わか》いうちにとったものがえだ豆《まめ》だ。県《けん》の郷土食《きょうどしょく》である「ずんだもち」は、すりつぶしたえだ豆《まめ》をあんにもちいている。

❹秋田県《あきたけん》 秋田《あきた》もろこし

日本《にほん》のあずきの主産地《しゅさんち》は北海道《ほっかいどう》だが、東北《とうほく》地方《ちほう》でも多《おお》くつくられている。秋田県《あきたけん》でつくられている「秋田《あきた》もろこし」は、あずきを火《ひ》にかけてあぶり、こまかい粉《こな》にひいてさとうと水《みず》とまぜ、型《かた》につめてぬきとり、乾燥《かんそう》してつくるお菓子《かし》。もろこしは「諸越《もろこし》」と書《か》き、江戸時代《えどじだい》に藩主《はんしゅ》へ菓子《かし》を献上《けんじょう》したときに「諸《もろ》もろの菓子《かし》を越《こ》えて風味《ふうみ》よし」との評《ひょう》を得《え》て名前《なまえ》を受《う》けたと伝《つた》えられている。

❺福島県《ふくしまけん》 あんぽ柿《がき》

表面《ひょうめん》はあざやかなオレンジ色《いろ》ですこし歯《は》ごたえがあるが、なかみはトロリとしている半生《はんなま》の干《ほ》し柿《がき》。たんに干《ほ》しただけでなく、しぶ柿《がき》を硫黄《いおう》でくん蒸《じょう》して乾燥《かんそう》させる独特《どくとく》の方法《ほうほう》でつくられる。干《ほ》し柿《がき》には、干《ほ》しただけのものもある。かためで、表面《ひょうめん》に白《しろ》く粉《こ》がふく。これを「ころ柿《がき》」とよぶ。宮城県《みやぎけん》や石川県《いしかわけん》、山梨県《やまなしけん》などの名産《めいさん》として知《し》られている。

❻茨城県《いばらきけん》 凍《し》みこんにゃく

江戸時代《えどじだい》から農閑期《のうかんき》の副業《ふくぎょう》としてつくられてきたもの。全国《ぜんこく》でゆいいつ、茨城県《いばらきけん》だけでつくられている。こんにゃくいもからつくったこんにゃくをはがき大《だい》に切《き》りわけて厳冬期《げんとうき》の畑《はたけ》にならべ、夜《よる》から朝方《あさがた》にかけて凍《こお》らせ、昼間《ひるま》の直射日光《ちょくしゃにっこう》をあててゆっくり解凍《かいとう》する。そこに水《みず》をかけてまた夜間《やかん》に凍《こお》らせ、昼間《ひるま》はとかす。この作業《さぎょう》を約20日間《やくはつかかん》くりかえすうちに水分《すいぶん》がぬけて、スポンジ状《じょう》の凍《し》みこんにゃくができる。水《みず》につけてもどしてから料理《りょうり》に使《つか》う。

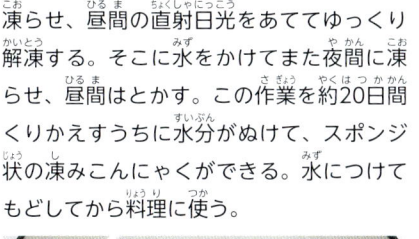

7 栃木県《とちぎけん》 かんぴょう

かんぴょうは、ゆうがおの実《み》(→41ページ)を、皮《かわ》をむくように細長《ほそなが》くけずって乾燥《かんそう》させたもの。栃木県《とちぎけん》のかんぴょうは全国生産《ぜんこくせいさん》の98%以上《いじょう》をしめ、代表的《だいひょうてき》な特産品《とくさんひん》となっている。真夏《まなつ》の太陽《たいよう》の熱《ねつ》で、2日間《ふつかかん》にわたって干《ほ》しあげる。

8 千葉県《ちばけん》 落花生《らっかせい》みそ

千葉県《ちばけん》は落花生《らっかせい》(→44ページ)の生産量《せいさんりょう》が日本《にほん》一《いち》。落花生《らっかせい》みそは、落花生《らっかせい》をフライパンで煎《い》り、よく煎《い》ったらさとうとみそを入《い》れて、豆《まめ》になじんだら酒《さけ》を入《い》れてできあがり。落花生《らっかせい》には脂肪《しぼう》、たんぱく質《しつ》などの栄養素《えいようそ》が豊富《ほうふ》にふくまれている。千葉県《ちばけん》では、いまほど食料《しょくりょう》が豊富《ほうふ》でなかった時代《じだい》、保存食《ほぞんしょく》として落花生《らっかせい》みそを切《き》らすことがなかったといわれるほど重宝《ちょうほう》されていた。

9 石川県《いしかわけん》 かぶらずし

加賀地方《かがちほう》で生産《せいさん》される金沢青《かなざわあお》かぶを使《つか》ったなれずし*。切《き》りこみを入《い》れたかぶら(かぶ)を塩《しお》づけにし、同様《どうよう》に塩《しお》づけしたブリやにんじんなどをはさんで発酵《はっこう》させる。江戸時代《えどじだい》には、かぶらずしは高《たか》い身分《みぶん》の者《もの》が食《た》べ、一般《いっぱん》の人《ひと》たちはかぶとブリのかわりに、だいこんとニシンを使《つか》っただいこんずしを食《た》べたという。

*おもに魚《さかな》を塩《しお》とごはんで乳酸発酵《にゅうさんはっこう》させた食品《しょくひん》。

10 長野県《ながのけん》 凍《し》みだいこん

寒《さむ》さのきびしい山間部《さんかんぶ》でつくられる。だいこんをたてに2つに割《わ》り(あるいは丸《まる》ごと)、輪切《わぎ》りにしてからたっぷりの熱湯《ねっとう》でゆで、はしであなをあけてわらを通《とお》し、戸外《こがい》につるして凍《こお》らせる。日中《にっちゅう》はゆっくりと解凍《かいとう》して水分《すいぶん》が落《お》ち、夜間《やかん》は凍《こお》ってカチカチになる。このくりかえしを1か月《げつ》つづけることで、だいこんの水分《すいぶん》がなくなり、カラカラの凍《し》みだいこんができあがる。水《みず》につけてもどしてから料理《りょうり》に使《つか》う。

11 静岡県《しずおかけん》 静岡茶《しずおかちゃ》

静岡県《しずおかけん》は、全国《ぜんこく》の4割以上《わりいじょう》を生産《せいさん》する、日《に》本一《ほんいち》の茶《ちゃ》の産地《さんち》。京都府《きょうとふ》の宇治茶《うじちゃ》、埼玉県《さいたまけん》の狭山茶《さやまちゃ》とあわせて日本三大茶《にほんさんだいちゃ》といわれることもある。

12 愛知県《あいちけん》 八丁《はっちょう》みそ

みそは大豆《だいず》とこうじ、塩《しお》などを材料《ざいりょう》にして発酵《はっこう》させてつくられる。こうじには米《こめ》こうじ、麦《むぎ》こうじ、豆《まめ》こうじがあり、八丁《はっちょう》みそは豆《まめ》こうじでつくるみその代表格《だいひょうかく》。江戸時代《えどじだい》のはじめに、八丁村《はっちょうむら》(現在《げんざい》の岡崎市八帖町《おかざきしはっちょうちょう》)で誕生《たんじょう》した。

13 京都府《きょうとふ》 ゆば

ゆばは大豆《だいず》の加工品《かこうひん》。日本《にほん》のゆばは1200年《ねん》前《まえ》に最澄《さいちょう》という僧《そう》が中国《ちゅうごく》からもちかえったことがはじまりとされ、京都《きょうと》の延暦寺《えんりゃくじ》に伝《つた》わった。京都《きょうと》のほかにも、近江《おうみ》(現在《げんざい》の滋賀県大津市《しがけんおおつし》)や大和《やまと》(奈良県《ならけん》)、日光《にっこう》(栃木県《とちぎけん》)、身延《みのぶ》(山梨県《やまなしけん》)といった、古《ふる》くからの門前町《もんぜんまち》が産地《さんち》として有名《ゆうめい》。京都《きょうと》と大和《やまと》、身延《みのぶ》では「湯葉《ゆば》」と書《か》くのにたいして、日光《にっこう》では「湯波《ゆば》」と書《か》く。

⑭奈良県《ならけん》 大和《やまと》ベジサイダー

大和《やまと》ベジサイダーは、県《けん》から「大和野菜《やまとやさい》」に認定《にんてい》されている「片平《かたひら》あかね」と「大和《やまと》まな（→67ページ）」を原材料《げんざいりょう》としたもの。奈良市《ならし》にある帝塚山大学《てづかやまだいがく》が開発《かいはつ》した。ご当地《とうち》サイダーとして注目《ちゅうもく》を集《あつ》めている。

⑮和歌山県《わかやまけん》 高野《こうや》どうふ

とうふを凍《こお》らせ、低温《ていおん》で熟成《じゅくせい》させたあとに乾燥《かんそう》させた保存食《ほぞんしょく》。「凍《し》みどうふ」「凍《こお》りどうふ」ともいう。和歌山県《わかやまけん》の高野山《こうやさん》で多《おお》くつくられたことから、「高野《こうや》どうふ」の名《な》がついた。鎌倉時代《かまくらじだい》、高野山《こうやさん》では精進料理《しょうじんりょうり》として食《た》べていたとうふが、真冬《まふゆ》に屋外《おくがい》に放置《ほうち》され、偶然《ぐうぜん》に製法《せいほう》が発見《はっけん》されたといわれている。

⑯香川県《かがわけん》 香川本鷹《かがわほんたか》（七味《しちみ》とうがらし）

香川県《かがわけん》の塩飽諸島《しわくしょとう》や荘内半島《しょうないはんとう》で栽培《さいばい》されているとうがらし「香川本鷹《かがわほんたか》」（→79ページ）を使《つか》った七味《しちみ》とうがらし。島《しま》の人口流出《じんこうりゅうしゅつ》や、輸入《ゆにゅう》もののとうがらしにおされて、まぼろしのとうがらしとまでいわれるようになっていたが、県《けん》の職員《しょくいん》が復活《ふっかつ》に向《む》けた取《と》りくみをスタートし、島《しま》の活性化《かっせいか》につなげている。

⑰高知県《こうちけん》 ゆず茶《ちゃ》

高知県《こうちけん》は日本一《にほんいち》のゆずの産地《さんち》。全国《ぜんこく》の生産《せいさん》量《りょう》の４割《わり》をしめる。なかでも馬路村《うまじむら》は、天《てん》然果汁《ねんかじゅう》100％のゆず酢《す》、ポン酢《ず》しょうゆ、ゆず茶など、ゆずの加工品《かこうひん》を数《かず》多《おお》く開発《かいはつ》し、住《じゅう》民《みん》の数《かず》がへりつづけていた村《むら》は、「ゆずの村《むら》」として活気《かっき》を取《と》りもどした。

⑱長崎県《ながさきけん》 かんころもち

五島列島《ごとうれっとう》の特産物《とくさんぶつ》。地元《じもと》では、さつまいも（甘藷《かんしょ》）をうすく輪切《わぎ》りにし、ゆがいて天日《てんぴ》に干《ほ》したものを「かんころ」とよんでいた。かんころと蒸《む》したもち米《ごめ》をついたものを「かんころもち」という。食料《しょくりょう》がすくなかった時《じ》代《だい》に、高価《こうか》なもち米《ごめ》にさつまいもをまぜて量《りょう》をふやそうとしたのがはじまり。

⑲熊本県《くまもとけん》 からしれんこん

れんこんのあなにからしみそをつめて、ころもをつけてあげたもの。江戸時代《えどじだい》、熊本《くまもと》城《じょう》の城主《じょうしゅ》だった細川忠利《ほそかわただとし》は名君《めいくん》とよばれていたが病弱《びょうじゃく》だった。そこにおみまいにおとずれた和尚《おしょう》が、れんこんには血《ち》をつくるはたらきがあるから、これをくふうして栄養《えいよう》のあるものをつくろうと、からしれんこんをつくりあげたといわれている。

⑳大分県《おおいたけん》 どんこ（干《ほ》ししいたけ）

大分県《おおいたけん》は、干《ほ》ししいたけの生産量《せいさんりょう》が日本一《にほんいち》。なかでも寒《さむ》い時期《じき》にゆっくりと育《そだ》った、肉《にく》厚《あつ》で、かさが開《ひら》いていない丸《まる》い形《かたち》のしいたけを干《ほ》したものを「どんこ」という（→89ページ）。歯《は》ごたえがあり、煮《に》ても炒《いた》めても使《つか》える。

㉑宮崎県《みやざきけん》 切《き》り干《ぼ》しだいこん

宮崎《みやざき》の火山灰地《かざんばいち》はだいこんの栽培《さいばい》に適《てき》していて、むかしからだいこんづくりがさかん。傾斜《けいしゃ》をつけた干《ほ》しだなに、千切《せんぎ》りにしただいこんを広《ひろ》げ、乾燥《かんそう》した空気《くうき》のなかで一昼《いっちゅう》夜自然乾燥《やしぜんかんそう》をさせる。生《なま》のだいこんよりもあまく、栄養価《えいようか》の高《たか》い切《き》り干《ぼ》しだいこんができる。

㉒鹿児島県《かごしまけん》 かるかん

すりおろしたやまいもに卵白《らんぱく》と上新粉《じょうしんこ》、さとうをよくまぜたものを蒸《む》してつくるお菓《か》子《し》。カステラのようだが、カステラよりかわいた歯《は》ざわりが特徴《とくちょう》。やまいもは、鹿児《かご》島《しま》に古《ふる》くから自生《じせい》していた山《やま》のごちそう。安政年間《あんせいねんかん》（1854～1860年《ねん》）、薩摩藩《さつまはん》で誕生《たんじょう》したといわれている。

パート2

47都道府県《とどうふけん》の地野菜《じやさい》／伝統野菜《でんとうやさい》

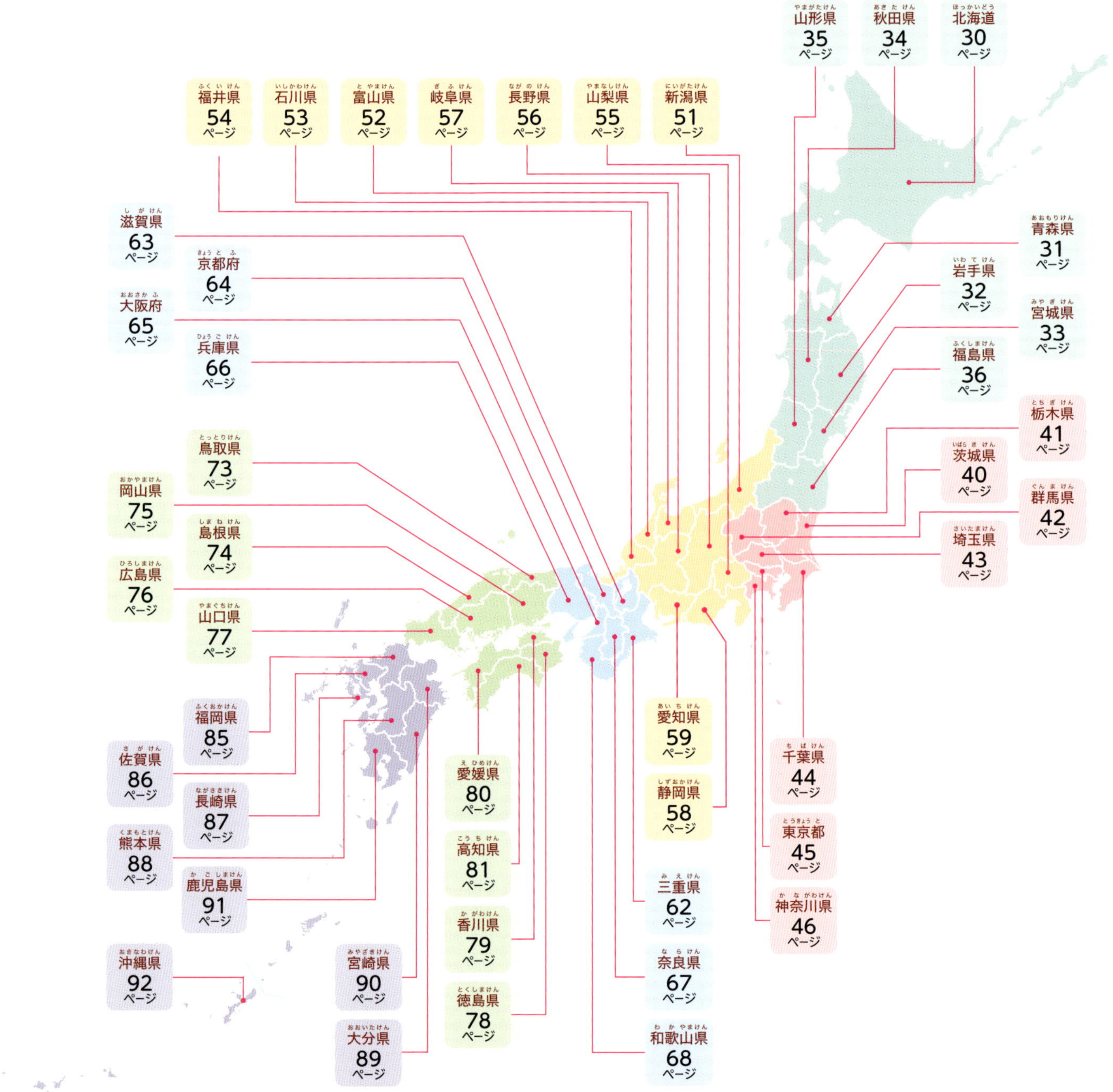
山形県《やまがたけん》 35ページ
秋田県《あきたけん》 34ページ
北海道《ほっかいどう》 30ページ
福井県《ふくいけん》 54ページ
石川県《いしかわけん》 53ページ
富山県《とやまけん》 52ページ
岐阜県《ぎふけん》 57ページ
長野県《ながのけん》 56ページ
山梨県《やまなしけん》 55ページ
新潟県《にいがたけん》 51ページ
滋賀県《しがけん》 63ページ
京都府《きょうとふ》 64ページ
大阪府《おおさかふ》 65ページ
兵庫県《ひょうごけん》 66ページ
青森県《あおもりけん》 31ページ
岩手県《いわてけん》 32ページ
宮城県《みやぎけん》 33ページ
福島県《ふくしまけん》 36ページ
栃木県《とちぎけん》 41ページ
茨城県《いばらきけん》 40ページ
群馬県《ぐんまけん》 42ページ
埼玉県《さいたまけん》 43ページ
鳥取県《とっとりけん》 73ページ
岡山県《おかやまけん》 75ページ
島根県《しまねけん》 74ページ
広島県《ひろしまけん》 76ページ
山口県《やまぐちけん》 77ページ
福岡県《ふくおかけん》 85ページ
佐賀県《さがけん》 86ページ
長崎県《ながさきけん》 87ページ
熊本県《くまもとけん》 88ページ
鹿児島県《かごしまけん》 91ページ
沖縄県《おきなわけん》 92ページ
宮崎県《みやざきけん》 90ページ
大分県《おおいたけん》 89ページ
愛媛県《えひめけん》 80ページ
高知県《こうちけん》 81ページ
香川県《かがわけん》 79ページ
徳島県《とくしまけん》 78ページ
愛知県《あいちけん》 59ページ
静岡県《しずおかけん》 58ページ
三重県《みえけん》 62ページ
奈良県《ならけん》 67ページ
和歌山県《わかやまけん》 68ページ
千葉県《ちばけん》 44ページ
東京都《とうきょうと》 45ページ
神奈川県《かながわけん》 46ページ

北海道《ほっかいどう》・東北地方《とうほくちほう》

気候《きこう》・風土《ふうど》と農作物《のうさくぶつ》

北海道《ほっかいどう》
面積《めんせき》：83,424km²（全国《ぜんこく》1位《い》）
人口《じんこう》：540万人《まんにん》（全国《ぜんこく》8位《い》）
道花《どうか》：ハマナス
道鳥《どうちょう》：タンチョウ

秋田県《あきたけん》
面積《めんせき》：11,638km²（全国《ぜんこく》6位《い》）
人口《じんこう》：104万人《まんにん》（全国《ぜんこく》38位《い》）
県花《けんか》：フキノトウ
県鳥《けんちょう》：ヤマドリ

山形県《やまがたけん》
面積《めんせき》：9,323km²（全国《ぜんこく》9位《い》）
人口《じんこう》：113万人《まんにん》（全国《ぜんこく》35位《い》）
県花《けんか》：ベニバナ
県鳥《けんちょう》：オシドリ

青森県《あおもりけん》
面積《めんせき》：9,645km²（全国《ぜんこく》8位《い》）
人口《じんこう》：132万人《まんにん》（全国《ぜんこく》31位《い》）
県花《けんか》：リンゴ
県鳥《けんちょう》：ハクチョウ

岩手県《いわてけん》
面積《めんせき》：15,275km²（全国《ぜんこく》2位《い》）
人口《じんこう》：128万人《まんにん》（全国《ぜんこく》32位《い》）
県花《けんか》：キリ
県鳥《けんちょう》：キジ

宮城県《みやぎけん》
面積《めんせき》：7,282km²（全国《ぜんこく》16位《い》）
人口《じんこう》：233万人《まんにん》（全国《ぜんこく》14位《い》）
県花《けんか》：ミヤギノハギ
県鳥《けんちょう》：ガン

福島県《ふくしまけん》
面積《めんせき》：13,784km²（全国《ぜんこく》3位《い》）
人口《じんこう》：194万人《まんにん》（全国《ぜんこく》20位《い》）
県花《けんか》：ネモトシャクナゲ
県鳥《けんちょう》：キビタキ

※人口《じんこう》は平成《へいせい》26年《ねん》10月《がつ》1日現在《ついたちげんざい》

北海道《ほっかいどう》

日本《にほん》の最北《さいほく》に位置《いち》する北海道《ほっかいどう》は、春《はる》と秋《あき》は短《みじか》く、夏《なつ》はすずしく、冬《ふゆ》は長《なが》く寒《さむ》さがきびしい土地《とち》です。1869（明治《めいじ》2）年《ねん》に明治政府《めいじせいふ》が開拓使《かいたくし》を設置《せっち》し、欧米《おうべい》の農業技術《のうぎょうぎじゅつ》が導入《どうにゅう》され、本格的《ほんかくてき》な農業開拓《のうぎょうかいたく》が始《はじ》まりました。自然環境《しぜんかんきょう》がきびしいので農作物《のうさくぶつ》の栽培《さいばい》にもむずかしい面《めん》が多《おお》いですが、農業《のうぎょう》関係者《かんけいしゃ》はそうした環境《かんきょう》に適合《てきごう》する農作物《のうさくぶつ》の品種《ひんしゅ》の選択《せんたく》、品種《ひんしゅ》の改良《かいりょう》に研究《けんきゅう》をつづけています。

北海道《ほっかいどう》のすずしい気候《きこう》にはヨーロッパ系《けい》ぶどうの栽培《さいばい》が適《てき》していて、ワインの生産《せいさん》がさかん。

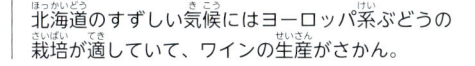

青森県《あおもりけん》

奥羽山脈《おううさんみゃく》によって太平洋側《たいへいようがわ》と日本海《にほんかい》側《がわ》に分《わ》けられている青森県《あおもりけん》は、農業《のうぎょう》がさかんな県《けん》です。雪《ゆき》が多《おお》い津軽地方《つがるちほう》や、きびしい北風《きたかぜ》が吹《ふ》く南部地方《なんぶちほう》、海《うみ》にかこまれた下北地方《しもきたちほう》など、変化《へんか》に富《と》んだ地形《ちけい》と風土《ふうど》を生《い》かして、さまざまな農作物《のうさくぶつ》がつくられています。

気候条件《きこうじょうけん》がりんごの栽培《さいばい》に適《てき》している。写真《しゃしん》は、1878（明治《めいじ》11）年《ねん》に弘前市《ひろさきし》に植《う》えられ、いまも健在《けんざい》な「日本一《にほんいち》の古木《こぼく》りんご樹《じゅ》」。

宮城県《みやぎけん》

東北地方《とうほくちほう》の中部《ちゅうぶ》にある宮城県《みやぎけん》は、北上川《きたかみがわ》、鳴瀬川《なるせがわ》、名取川《なとりがわ》、阿武隈川《あぶくまがわ》などがつくる仙台平野《せんだいへいや》が広《ひろ》がり、米《こめ》や野菜《やさい》の栽培《さいばい》に適《てき》している地域《ちいき》です。古《ふる》くから受《う》けつがれている野菜《やさい》が多《おお》くのこり、特産物《とくさんぶつ》として生産《せいさん》されています。

仙台伝統野菜《せんだいでんとうやさい》のひとつ「仙台雪菜《せんだいゆきな》」。山形県米沢《やまがたけんよねざわ》の雪菜《ゆきな》（→35ページ）も知《し》られているが、雪《ゆき》のすくない仙台《せんだい》では、おなじ雪菜《ゆきな》でも形《かたち》や色《いろ》、味《あじ》がちがう。

山形県《やまがたけん》

東北地方《とうほくちほう》の南西部《なんせいぶ》に位置《いち》する山形《やまがた》県《けん》は、日本海《にほんかい》に面《めん》した庄内平野《しょうないへいや》や米《よね》沢盆地《ざわぼんち》、山形盆地《やまがたぼんち》、新庄盆地《しんじょうぼんち》など、それぞれの地域《ちいき》が特色《とくしょく》ある風土《ふうど》をもっています。盆地《ぼんち》のため夏《なつ》と冬《ふゆ》、とくに積雪《せきせつ》による温度差《おんどさ》が大《おお》きく、その土地《とち》ならではの伝統野菜《でんとうやさい》や伝統果実《でんとうかじつ》が栽培《さいばい》されてきました。

冬《ふゆ》に水田《すいでん》につもった雪《ゆき》は、春《はる》にはとけて、水田《すいでん》にたまる。夏《なつ》に吹《ふ》く乾燥《かんそう》したあたたかな風《かぜ》がじょうぶな稲《いね》を育《そだ》てる。

岩手県《いわてけん》

本州最大《ほんしゅうさいだい》の面積《めんせき》をもつ岩手県《いわてけん》では、変化《へんか》に富《と》んだリアス海岸《かいがん》が豊富《ほうふ》な漁《ぎょ》場《じょう》をつくりだし、中央部《ちゅうおうぶ》を流《なが》れる北上《きたかみ》川《がわ》がつくる北上盆地《きたかみぼんち》が、米《こめ》や野菜《やさい》の主産地《しゅさんち》となっています。県全体《けんぜんたい》では、米《こめ》や野菜《やさい》のほかにも雑穀《ざっこく》や果実《かじつ》など豊富《ほうふ》な食材《しょくざい》をつくっています。

国産雑穀《こくさんざっこく》のほとんどを栽培《さいばい》している岩手県《いわてけん》。とくにヒエ、アワ、タカキビは高《たか》い国内《こくない》シェアをほこっている。

秋田県《あきたけん》

東部《とうぶ》には奥羽山脈《おううさんみゃく》が、その西《にし》には出羽山地《でわさんち》が走《はし》る秋田県《あきたけん》は、子吉川《こよしがわ》、雄物川《おものがわ》、米代川《よねしろがわ》の下流域《かりゅういき》を中心《ちゅうしん》に広《こう》大《だい》な平野《へいや》が広《ひろ》がり、肥沃《ひよく》な農業地《のうぎょうち》をつくりだしています。寒《さむ》さのきびしい北国《きたぐに》ならではの伝統野菜《でんとうやさい》が豊富《ほうふ》です。

内陸部《ないりくぶ》では晴天《せいてん》の日《ひ》がすくないので、だいこんを家《いえ》の囲炉裏《いろり》の上《うえ》につるし、火《ひ》とけむりで乾燥《かんそう》させて（いぶして）だいこんづけをつくる。

福島県《ふくしまけん》

福島県《ふくしまけん》は、昼夜《ちゅうや》の寒暖《かんだん》の差《さ》が大《おお》きい中通《なかどお》り、米《こめ》の栽培《さいばい》がさかんな山間《さんかん》部《ぶ》の会津《あいづ》、太平洋《たいへいよう》に面《めん》した浜通《はまどお》りと大《おお》きく3つの地方《ちほう》に分《わ》けられます。それぞれの自然条件《しぜんじょうけん》にあった野菜《やさい》が栽培《さいばい》されています。

干《ほ》し柿《がき》の生産《せいさん》は、全国《ぜんこく》1位《い》をほこる。福島県北産《ふくしまけんほくさん》の「あんぽ柿《がき》」（→24ページ）は、とろりとあまいのが特徴《とくちょう》。

北海道《ほっかいどう》

北海道《ほっかいどう》では、開拓使《かいたくし》により本格的《ほんかくてき》な開拓《かいたく》が始《はじ》まり、北海道《ほっかいどう》の冷涼《れいりょう》な気候《きこう》と土壌《どじょう》にあった野菜《やさい》が栽培《さいばい》されていきました。全国一《ぜんこくいち》の収穫量《しゅうかくりょう》をほこるじゃがいもも、明治初期《めいじしょき》にアメリカから種《たね》いもを輸入《ゆにゅう》したのがはじまりです。たまねぎやキャベツなどもこの時期《じき》に導入《どうにゅう》したものです。

食用《しょくよう》ゆり（ゆり根《ね》）

国内《こくない》で食《た》べられているゆり根《ね》のほとんどが北海《ほっかい》道産《どうさん》のゆり根《ね》。

北海道《ほっかいどう》では、古《ふる》くから「えぞかしゆり」や「おにゆり」などが自生《じせい》していて、これを先住者《せんじゅうしゃ》たちが食《た》べていた。これらを自然交雑《しぜんこうざつ》し、品種改良《ひんしゅかいりょう》をかさね、「白銀《はくぎん》」という現在《げんざい》の品種《ひんしゅ》が育成《いくせい》された。

札幌黄《さっぽろき》たまねぎ

１玉《ひとたま》の重《おも》さが200gに達《たっ》する。

日本《にほん》のたまねぎ栽培《さいばい》は、1878（明治《めいじ》11）年《ねん》に札幌《さっぽろ》農学校《のうがっこう》のアメリカ人教官《じんきょうかん》によって始《はじ》められたといわれる。この「イエロー・グローブ・ダンバース」という品《ひん》種《しゅ》からうまれたのが札幌黄《さっぽろき》たまねぎ。やわらかい肉質《にくしつ》であまみがある。

八列《はちれつ》とうきび

日本《にほん》の本格的《ほんかくてき》なとうもろこし栽培《さいばい》は、1868（明治元《めいじがん》）年《ねん》に北海道《ほっかいどう》開拓使《かいたくし》がアメリカから導入《どうにゅう》したとうもろこしから始《はじ》まった。「八列《はちれつ》とうきび」は、その当時《とうじ》に入《はい》ってきた品種《ひんしゅ》のひとつで、つぶが１周《しゅう》に８列《れつ》ならんでいて、全体的《ぜんたいてき》に細長《ほそなが》いことが特徴《とくちょう》。あまみのあるスイートコーンとはちがい、実《み》のかたいコーンだ。

札幌大球《さっぽろおおだま》キャベツ

明治初期《めいじしょき》に、北《ほっ》海道開拓使《かいどうかいたくし》がアメリカから導入《どうにゅう》した種《たね》を栽培《さいばい》したのが、日本《にほん》のキャベツ栽《さい》培《ばい》のはじまりといわれる。

「札幌大球《さっぽろおおだま》キャベツ」は、１玉《ひとたま》で８～17kgにも生長《せいちょう》する。肉質《にくしつ》はやわらかく、あまみが強《つよ》い。炒《いた》めても煮《に》ても生《なま》でも食《た》べられる。

まさかりかぼちゃ

夏《なつ》の１日《にち》の寒暖差《かんだんさ》がはげしい北海道《ほっかいどう》はかぼちゃの栽培《さいばい》に向《む》いていて、生産量《せいさんりょう》は全国《ぜんこく》１位《い》。明治初《めいじしょ》期《き》に開拓使《かいたくし》によって導入《どうにゅう》された西洋《せいよう》かぼちゃが「まさかりかぼちゃ」。大形《おおがた》で、果皮《かひ》がかたく、まさかりを使《つか》って割《わ》ったことから名前《なまえ》がついたとされる。

北海道《ほっかいどう》といえばじゃがいも

冷涼《れいりょう》な気候《きこう》が栽培《さいばい》に向《む》いていて、国内《こくない》で収穫《しゅうかく》されるじゃがいもの８割《わり》は北海道産《ほっかいどうさん》です。いまでもいちばん多《おお》くつくられている「男爵《だんしゃく》いも」は、1908（明治《めいじ》41）年《ねん》、函館郊外《はこだてこうがい》の川田龍吉男爵《かわだりょうきちだんしゃく》の農場《のうじょう》でうまれた「アイリッシュ・コブラー」という品種《ひんしゅ》です。北海道内《ほっかいどうない》の農業試験場《のうぎょうしけんじょう》では、いまも、病気《びょうき》に強《つよ》く、収穫量《しゅうかくりょう》が多《おお》く、おいしいじゃがいもを求《もと》めて品種改《ひんしゅかい》良《りょう》がおこなわれています。

青森県《あおもりけん》

夏《なつ》も冷涼《れいりょう》な気候《きこう》にあった野菜《やさい》が、青森県《あおもりけん》では栽培《さいばい》されてきました。青森県《あおもりけん》を代表《だいひょう》する果実《かじつ》の「りんご」もそのひとつ。生産量《せいさんりょう》は国内全体《こくないぜんたい》の半分以上《はんぶんいじょう》をしめます。さらにごぼう、にんにく、ながいもなどの生産量《せいさんりょう》も多《おお》いです。

阿房宮《あぼうきゅう》

大《おお》きな花《はな》びらを食《た》べる。

南部地方《なんぶちほう》を代表《だいひょう》する作物《さくもつ》のひとつが食用菊《しょくようぎく》。南部《なんぶ》藩主《はんしゅ》が京都九条家《きょうとくじょうけ》の庭《にわ》に咲《さ》いていた菊《きく》を株分《かぶわ》けし、植《う》えたのがはじまりといわれる。色彩《しきさい》が美《うつく》しく、香《かお》り豊《ゆた》かなことから、秦《しん》の始《し》皇帝《こうてい》の豪華《ごうか》な宮殿《きゅうでん》にちなんで名前《なまえ》がつけられた。

糠塚《ぬかづか》きゅうり

地元《じもと》では、生《なま》でみそをつけて食《た》べるのがいちばんうまい、といわれている。

江戸時代《えどじだい》に、現在《げんざい》の八戸市糠塚地域《はちのへしぬかづかちいき》にもちこまれて栽培《さいばい》されたのがはじまりといわれる。ずんぐりとして肉厚《にくあつ》で、ややにがみがあるのが特《とく》徴《ちょう》。

福地《ふくち》ホワイト（にんにく）

弘前市《ひろさきし》の鬼神社《おにじんじゃ》の例大《れいたい》祭《さい》に古《ふる》くからにんにく市《いち》が立《た》つほど、青森県《あおもりけん》とにんにくは関係《かんけい》が深《ふか》い。

「福地《ふくち》ホワイト」は、昭和《しょうわ》30年代後半《ねんだいこうはん》に、青森県農業試験場《あおもりけんのうぎょうしけんじょう》が、青森《あおもり》県《けん》の風土《ふうど》・気候《きこう》に適《てき》した品種《ひんしゅ》として、福地村《ふくちむら》（三戸郡《さんのへぐん》にかつて存在《そんざい》した村《むら》）から収集《しゅうしゅう》した「福地在来種《ふくちざいらいしゅ》」を改良《かいりょう》・栽培《さいばい》したにんにく。色《いろ》が白《しろ》く、鱗茎《りんけい》のまわりにつく鱗片《りんぺん》が5〜6個《こ》あり、つぶが大《おお》きいのが特徴《とくちょう》。

一町田《いっちょうだ》せり

わき水《みず》が豊富《ほうふ》な岩木町《いわきまち》（現在《げんざい》は弘前市《ひろさきし》）の一町田《いっちょうだ》地区《ちく》で、江戸時代《えどじだい》から栽培《さいばい》されていたせり。400年以上《ねんいじょう》の歴史《れきし》をもつ、津軽《つがる》の冬《ふゆ》の伝統野菜《でんとうやさい》。年《とし》の瀬《せ》がせまる時期《じき》が収穫《しゅうかく》の最盛期《さいせいき》となる。

大鰐温泉《おおわにおんせん》もやし

350年以上前《ねんいじょうまえ》から栽培《さいばい》されてきた冬野菜《ふゆやさい》。温泉《おんせん》の熱《ねつ》と温泉水《おんせんすい》のみを利用《りよう》して育《そだ》てられる。（陸奥《むつ》）弘《ひろ》前藩三代藩主《さきはんさんだいはんしゅ》・津軽信義《つがるのぶよし》が湯治《とうじ》をするときには、かならず献上《けんじょう》したといわれる。

清水森《しみずもり》なんば（とうがらし）

なんばにしょうゆとこうじを1升《しょう》ずつあわせて3年《ねん》くらい熟《じゅく》成《せい》させ、みそ状《じょう》にしたものは、調味料《ちょうみりょう》としても使《つか》われる。

「なんば」とは、津軽《つがる》におけるとうがらしのよび名《な》。江戸時代後期《えどじだいこうき》に、弘前藩《ひろさきはん》の初代藩主《しょだいはんしゅ》が京都《きょうと》からもちかえって広《ひろ》めたといわれる。

岩《いわ》手《て》県《けん》

岩手県《いわてけん》は、米《こめ》や野菜《やさい》以外《いがい》に雑穀《ざっこく》の栽培《さいばい》でも有名《ゆうめい》です。やせた土地《とち》でも育《そだ》つ雑穀《ざっこく》は、戦後《せんご》、生産量《せいさんりょう》がすくなくなりましたが、最近《さいきん》の健康志向《けんこうしこう》で、見直《みなお》されています。また、消費者《しょうひしゃ》との交流《こうりゅう》を深《ふか》めようと、農家《のうか》の人《ひと》たちの生産《せいさん》した野菜《やさい》が、「道《みち》の駅《えき》」などの販売店《はんばいてん》で売《う》られています。

安家地《あっかじ》だいこん

岩泉町安家地区《いわいずみちょうあっかちく》で古《ふる》くから栽培《さいばい》されている紅《べに》だいこん。小《ちい》さめで肉質《にくしつ》がかたく、からみが強《つよ》いのが特徴《とくちょう》。だいこんおろしやつけものに利用《りよう》されるほか、保存性《ほぞんせい》のある凍《し》みだいこんにも使《つか》われる。

暮坪《くれつぼ》かぶ

天正年間《てんしょうねんかん》（1573～1592年《ねん》）に近江《おうみ》の薬《くすり》売りが遠野市暮《とおのしくれ》坪地区《つぼちく》にもちこんだのがはじまりといわれる。根《ね》の長《なが》いかぶで、独特《どくとく》の強《つよ》いからみがある。

からみの成分《せいぶん》が、だいこんの10倍近《ばいちか》く存在《そんざい》している。

まがりねぎ

白《しろ》ねぎの白根《しろね》の部分《ぶぶん》が太《ふと》くて長《なが》く、まがっているねぎ。白根《しろね》の部分《ぶぶん》を長《なが》くつくるために、江戸時代《えどじだい》から伝《つた》わる「さく返《がえ》し」という植《う》えかえをおこなう特別《とくべつ》な栽培法《さいばいほう》でつくられている。やわらかく、あまいのが特徴《とくちょう》。

「さく返《がえ》し」とは、とちゅうで一度《いちど》ねぎをぬき、ななめにねかせて育《そだ》てる栽培法《さいばいほう》。

二子《ふたご》さといも

北上川《きたかみがわ》の西岸《せいがん》に広《ひろ》がる北上市二子町《きたかみしふたごちょう》が発祥《はっしょう》の地《ち》。300年《ねん》ほど前《まえ》から子《こ》いもを用種《ようしゅ》として子《こ》いもの繁殖《はんしょく》をくりかえしてできあがった。独特《どくとく》のねばりとまろやかな味《あじ》が特徴《とくちょう》で、いものこ汁《じる》などに使《つか》われる。

矢越《やごし》かぶ

一関市室根町矢越地区《いちのせきしむろねちょうやごしちく》で栽培《さいばい》されている黄色《きいろ》いかぶ。明治時代《めいじじだい》に行商人《ぎょうしょうにん》が大陸《たいりく》からの種《たね》を売《う》り歩《ある》いたことで局地的《きょくちてき》に広《ひろ》まったといわれる。戦後一時《せんごいちじ》たえていたが、平成《へいせい》になって地域《ちいき》おこしの一環《いっかん》として、気仙沼大島《けせんぬまおおしま》にわずかにのこっていた種《たね》を取《と》りよせて復活《ふっかつ》させた。

地《じ》きゅうり

県北部《けんほくぶ》、北上山地《きたかみさんち》の山《やま》のなかで受《う》けつがれてきたきゅうり。きよらかで豊《ゆた》かな水《みず》と温度差《おんどさ》が高品質《こうひんしつ》のものをつくる。むかしは野良仕事《のらしごと》のとき、水筒《すいとう》のかわりにもっていき、みそをつけて食《た》べたといわれている。

宮城県《みやぎけん》

宮城県《みやぎけん》では、伊達藩《だてはん》の時代《じだい》に藩庁《はんちょう》のあった仙台城《せんだいじょう》（現《げん》・仙台市《せんだいし》）を中心《ちゅうしん》に、古《ふる》くからさまざまな野菜《やさい》が栽培《さいばい》されています。日本《にほん》のはくさいのルーツのひとつでもある「仙台《せんだい》はくさい」をはじめ、仙台長《せんだいなが》なす、仙台《せんだい》まがりねぎなど、“仙台《せんだい》”の名《な》がつく野菜《やさい》がたくさんあります。

仙台《せんだい》はくさい

日本《にほん》のはくさい栽培《さいばい》は、日清戦争時《にっしんせんそうじ》（明治《めいじ》27〜28年《ねん》）に中国《ちゅうごく》からもどった兵士《へいし》がもちかえった種《たね》がはじまりといわれている。宮城県《みやぎけん》にも1895（明治《めいじ》28）年《ねん》にもちこまれ、松島湾内《まつしまわんない》で品種改良《ひんしゅかいりょう》した「松島《まつしま》はくさい」がつくられた。その後、さらに品種改良《ひんしゅかいりょう》され、「仙台《せんだい》はくさい」の名《な》で全国《ぜんこく》に広《ひろ》がった。

仙台長《せんだいなが》なす

仙台藩主《せんだいはんしゅ》の伊達政宗《だてまさむね》が文禄《ぶんろく》の役《えき》（1592年《ねん》）に出陣《しゅつじん》したときに、藩士《はんし》のひとりが博多《はかた》から原種《げんしゅ》をもちかえったのがはじまりといわれる。黒《くろ》むらさき色《いろ》で、細長《ほそなが》く先《さき》がとがっているのが特徴《とくちょう》。仙台長《せんだいなが》なすづけは、自家用《じかよう》にもつくるが、みやげものとしても知《し》られている（→20ページ）。

仙台茶豆《せんだいちゃまめ》

茶豆《ちゃまめ》は、枝豆《えだまめ》の品種《ひんしゅ》の一種《いっしゅ》。さやのなかの豆《まめ》をおおっているうす皮《かわ》が茶色《ちゃいろ》なので「ちゃまめ」のよび名《な》がある。県内《けんない》には、「仙台茶豆《せんだいちゃまめ》」と「気仙沼《けせんぬま》茶豆《ちゃまめ》」とよばれる2種類《しゅるい》があり、後者《こうしゃ》のルーツは山形《やまがた》から来《き》た人《ひと》がもってきた種《たね》から伝《つた》わったものといわれている。

仙台《せんだい》まがりねぎ

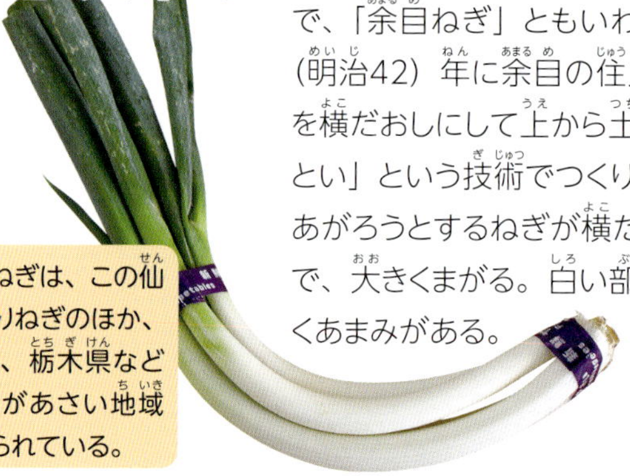

まがりねぎは、この仙台《せんだい》まがりねぎのほか、岩手県《いわてけん》、栃木県《とちぎけん》など土《つち》の層《そう》があさい地域《ちいき》でつくられている。

仙台市岩切《せんだいしいわきり》の余目《あまるめ》地区《ちく》うまれなので、「余目《あまるめ》ねぎ」ともいわれる。1909（明治《めいじ》42）年《ねん》に余目《あまるめ》の住人《じゅうにん》が立《た》ちねぎを横《よこ》だおしにして上《うえ》から土《つち》をかける「やとい」という技術《ぎじゅつ》でつくりだした。立《た》ちあがろうとするねぎが横《よこ》だおしになるので、大《おお》きくまがる。白《しろ》い部分《ぶぶん》はやわらかくあまみがある。

仙台芭蕉菜《せんだいばしょうな》

大《おお》きな葉《は》の形《かたち》が多年草《たねんそう》の芭蕉《ばしょう》ににているつけ菜《な》。江戸時代《えどじだい》から明治時代《めいじじだい》にかけてつけもの用《よう》に栽培《さいばい》されていたが、独特《どくとく》の風味《ふうみ》があるので、いまはおもに自家用《じかよう》に栽培《さいばい》されている。

福島県《ふくしまけん》や岩手県《いわてけん》で栽培《さいばい》される芭蕉菜《ばしょうな》とは種類《しゅるい》がちがう。

からとりいも

写真《しゃしん》は、いもと干《ほ》した状態《じょうたい》の葉柄《ようへい》。

「ずいき」や「あかがらい」といわれるさといもの葉柄《ようへい》（茎《くき》）をとるためのさといも。葉柄《ようへい》は赤《あか》く、皮《かわ》をむいて乾燥《かんそう》させてから保存《ほぞん》する。いもは味噌《みそ》汁《しる》の具《ぐ》や煮《に》ものに、葉柄《ようへい》は生《なま》のものか干《ほ》したものをもどして酢《す》のものや煮《に》ものに利用《りよう》する。

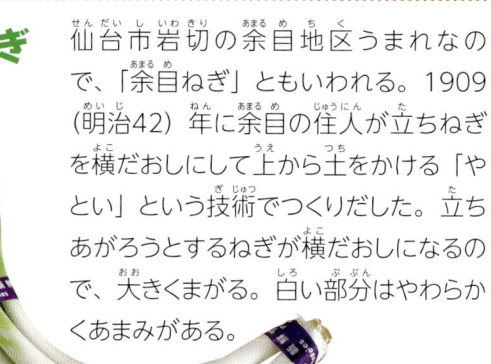

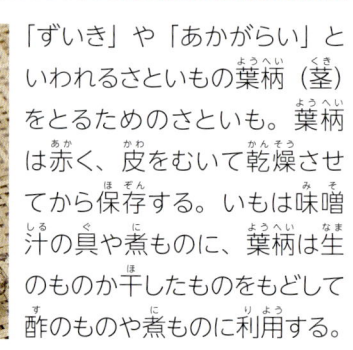

秋《あき》田《た》県《けん》

きびしい寒《さむ》さと、それにたえる土《つち》で育《そだ》つのが秋田《あきた》の伝統野菜《でんとうやさい》です。たとえば秋田《あきた》の郷土食《きょうどしょく》「いぶりがっこ」は、だいこんをいぶしてからつけたたくあんで、本来《ほんらい》は、白首《しろくび》の地《じ》だいこんを使《つか》います。身《み》がかたく、からくて、生《なま》で食《た》べるのには向《む》きませんが、いぶりづけには最適《さいてき》です。

秋田《あきた》ふき

数《かず》すくない日本原産《にほんげんさん》の野《や》菜《さい》。享保年間《きょうほうねんかん》（1716〜1736年《ねん》）に秋田藩主《あきたはんしゅ》・佐《さ》竹義峰《たけよしみね》が江戸城《えどじょう》に登城《とじょう》したとき、諸大名《しょだいみょう》に紹介《しょうかい》したことから全国《ぜんこく》にその名《な》が広《ひろ》まったといわれる。葉柄《ようへい》が2mにもなり、佃煮《つくだに》（下《した》の写真《しゃしん》）やさとうづけ、ふきようかんなどに使《つか》う。

松館《まつだて》しぼりだいこん

秋田県《あきたけん》の最北端《さいほくたん》、鹿角市《かづのし》の南部《なんぶ》にある八幡平《はちまんたい》松館集落《まつだてしゅうらく》で1800〜1900年代《ねんだい》から栽培《さいばい》されていたといわれる。からみだいこんの一種《いっしゅ》で、しぼり汁《じる》だけを使《つか》う。強《つよ》いからみは、四方《しほう》を山《やま》と林《はやし》に囲《かこ》まれた地形《ちけい》と、土《つち》の特質性《とくしつせい》からうまれたものだと考《かんが》えられている。

山内《さんない》にんじん

南部《なんぶ》の山内村《さんないむら》（現《げん》在《ざい》は横手市《よこてし》）で栽《さい》培《ばい》されている、根《ね》の長《なが》さが約《やく》30cmのにんじん。ふつうのにんじんよりも根《ね》の色《いろ》が赤《あか》みがこいオレンジ色《いろ》で、太《ふと》くてサイズがそろっている。なかまで色《いろ》がこい。

火野《かの》かぶ

由利本荘市《ゆりほんじょうし》や、にかほ市《し》の山麓地帯《さんろくちたい》で栽培《さいばい》されてきた白長《しろなが》かぶの一種《いっしゅ》。焼《や》き畑農法《はたのうほう》による栽培《さいばい》なので「火野《かの》」の名《な》がついたといわれる。長《なが》さ15〜20cm、太《ふと》さ2cmくらい。シャキシャキした歯《は》ざわりが特徴《とくちょう》で、塩《しお》づけや、こうじづけに使《つか》われる。

平良《たいら》かぶ

火野《かの》かぶよりもすこし太《ふと》い長《なが》かぶ。

県南部《けんなんぶ》の山間部《さんかんぶ》、平良地区《たいらちく》で栽培《さいばい》されている。平《たい》良地区《らちく》は、天文年間《てんぶんねんかん》（1532〜1555年《ねん》）に新地《しんち》をもとめてきた旅人《たびびと》や商人《しょうにん》により開《かい》拓《たく》されたので、岩手県《いわてけん》との交《こう》流《りゅう》もあり、岩手県《いわてけん》の「遠野《とおの》かぶ」ににているといわれる。

焼《や》き畑農法《はたのうほう》

焼《や》き畑《はた》は、古《ふる》くからの伝統的《でんとうてき》な農耕法《のうこうほう》です。山《やま》の草木《くさき》を切《き》って枯《か》らしてから焼《や》き、その焼《や》きあとにそのまま作物《さくもつ》を栽培《さいばい》する方法《ほうほう》で、かつては日本《にほん》でも山間地《さんかんち》を中心《ちゅうしん》におこなわれていました。4〜5年《ねん》くらいを一区切《ひとくぎ》りとして終《お》え、その後《ご》は放置《ほうち》して自然《しぜん》にもどし、地力《じりき》の回復《かいふく》した10〜20年後《ねんご》、ふたたび焼《や》き畑《はた》としてもちいます。

じゅんさい

やや酸性《さんせい》の池《いけ》や湖沼《こしょう》に育《そだ》つ水草《みずくさ》の若芽《わかめ》と花《はな》のつぼみを食用《しょくよう》にする。食《た》べる部分《ぶぶん》はゼリー状《じょう》の粘質物《ねんしつぶつ》に包《つつ》まれていて、ツルリとしたのどごしを味《あじ》わう。三種町《みたねちょう》は日本一《にほんいち》の生産《せいさん》をほこる。秋田県《あきたけん》の郷土食《きょうどしょく》といわれている。

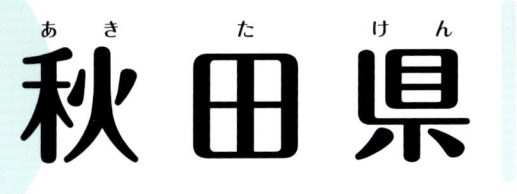

山形県《やまがたけん》

寒暖差《かんだんさ》が大《おお》きい気候《きこう》を利用《りよう》して、山形県《やまがたけん》ならではの伝統的《でんとうてき》な野菜《やさい》や果実《かじつ》などが栽培《さいばい》されてきました。それらの野菜《やさい》をつけものにすることで、一《いち》年《ねん》じゅう野菜《やさい》を食《た》べることができたのです。山形《やまがた》に住《す》む人《ひと》や山形《やまがた》を郷里《きょうり》にもつ人《ひと》にとって、野菜《やさい》や食用花《しょくようばな》のつけものはたいせつな郷土料理《きょうどりょうり》です。

温海《あつみ》かぶ

温海海岸《あつみかいがん》から入《はい》った山間部《さんかんぶ》の一霞《ひとかすみ》という地《ち》域《いき》を中心《ちゅうしん》につくられているかぶ。むかしからの焼《や》き畑農法《はたのうほう》で栽培《さいばい》されている。江戸時代《えどじだい》には藩主《はんしゅ》から上納品《じょうのうひん》として温海《あつみ》かぶと種《たね》を江《え》戸《ど》にもっていったといわれている。こい赤色《あかいろ》をした丸《まる》かぶで、肉質《にくしつ》はしまっていてあまみがある。つけものにするのが一般的《いっぱんてき》。

雪菜《ゆきな》

山形《やまがた》の雪菜《ゆきな》とは別《べつ》に、宮城《みやぎ》県《けん》に「仙台雪菜《せんだいゆきな》」(→29ページ)がある。雪《ゆき》のすくない仙台《せんだい》では、雪《ゆき》のなかで栽培《さいばい》をおこなわず、別《べつ》ものとなる。

雪《ゆき》のなかで育《そだ》つという、めずらしい野菜《やさい》。ルーツは江戸時代《えどじだい》にさかのぼる。米沢藩《よねざわはん》(現在《げんざい》の山形県東南部置賜《やまがたけんとうなんぶおいたま》地方《ちほう》)の藩主《はんしゅ》・上杉鷹山《うえすぎようざん》が考《かんが》えだし、雪国《ゆきぐに》の野菜不足対策《やさいぶそくたいさく》のために栽培《さいばい》を進《すす》めたことから始《はじ》まったという。

延命楽《えんめいらく》(もってのほか)

庄内地方《しょうないちほう》の食用菊《しょくようぎく》。シャキシャキした食感《しょっかん》で香《かお》りが高《たか》く、あまみがある。中国《ちゅうごく》では菊《きく》を食《た》べると長寿《ちょうじゅ》になるということで、その名《な》がついたといわれる。

「天皇家《てんのうけ》の紋章《もんしょう》である菊《きく》を食《た》べるのは、もってのほか」という意味《いみ》からついた別名《べつめい》もある。

平田赤《ひらたあか》ねぎ

平田町《ひらたまち》(現在《げんざい》は酒田市《さかたし》)で自《じ》家用《かよう》に栽培《さいばい》されていたねぎ。江戸時代末期《えどじだいまっき》に平田町《ひらたまち》の飛鳥《あすか》地区《ちく》に立《た》ちよった上方商人《かみがたしょうにん》が、わき水《みず》を飲《の》ませてもらったお礼《れい》に種《たね》をおいていったのがはじまりといわれる。

藤沢《ふじさわ》かぶ

鶴岡市藤沢地区《つるおかしふじさわちく》の焼《や》き畑《はた》で栽培《さいばい》されているかぶ。だいこんににた形《かたち》で細《ほそ》長《なが》く、葉《は》に近《ちか》い3分《ぶん》の2が赤《あか》むらさき色《いろ》をしている。肉質《にくしつ》はやわらかく食《た》べやすい。あま酢《ず》づけや、たまりづけに使《つか》われる。

悪戸《あくと》いも

山形市西部《やまがたしせいぶ》の悪戸地区《あくとちく》でむかしから栽培《さいばい》されているさといも。悪戸地区《あくとちく》は、須川流域《すがわりゅういき》の肥沃《ひよく》な土《つち》が集《あつ》まるところで、さといも栽《さい》培《ばい》に適《てき》していた。ふつうのさといもよりねばりが強《つよ》く、長時間煮《ちょうじかんに》ても煮《に》くずれしないのが特徴《とくちょう》。

だだ茶豆《ちゃまめ》

「だだ茶豆《ちゃまめ》」は茶香《ちゃかお》りえだ豆《まめ》のことで、日本一《にほんいち》おいしいえだ豆《まめ》として知《し》られています。山形県《やまがたけん》のほか、東北地方《とうほくちほう》で栽培《さいばい》されていますが、名前《なまえ》の由来《ゆらい》は山形県《やまがたけん》の庄内地方《しょうないちほう》では「お父《とう》さん」のことを「だだちゃ」というから、という説《せつ》があります。一家《いっか》の主《あるじ》(王《おう》さま)ならぬ「豆《まめ》の王《おう》さま」をあらわしているというわけです。

福島県《ふくしまけん》

福島県《ふくしまけん》では、果実《かじつ》の栽培《さいばい》もさかんです。江戸時代《えどじだい》までは養蚕業《ようさんぎょう》がさかんだったのですが、時代《じだい》とともに養蚕業《ようさんぎょう》にかわり、果樹《かじゅ》の生産《せいさん》がふえていきました。夏《なつ》は高温多湿《こうおんたしつ》で雨《あめ》がすくなく、冬《ふゆ》は寒冷《かんれい》という盆地特《ぼんちとく》有《ゆう》の気候《きこう》が、ももやなし、りんごなどの果樹栽培《かじゅさいばい》にあっていたのです。

会津丸《あいづまる》なす

会津地方《あいづちほう》で栽培《さいばい》されている丸形《まるがた》のなす。光沢《こうたく》があり、巾着形《きんちゃくがた》に近《ちか》い丸形《まるがた》で、直径《ちょっけい》8〜10cmの大《おお》きさになると収穫《しゅうかく》される。果皮《かひ》はややかたく、煮《に》ものや焼《や》きものに向《む》いている。

源吾《げんご》ねぎ

中通《なかどお》り地方《ちほう》の須賀川市《すかがわし》を中心《ちゅうしん》に栽培《さいばい》されている。その地《ち》に住《す》む安藤源吾《あんどうげんご》が「藍黒一本太《あいくろいっぽんふと》ねぎ」から風土《ふうど》に適《てき》した品種《ひんしゅ》に改良《かいりょう》したといわれる。ななめに植《う》えるので、まがりねぎ(→32ページ)になる。やわらかく、煮《に》るととろりとするのが特徴《とくちょう》。

あざみごぼう（立川《たちかわ》ごぼう）

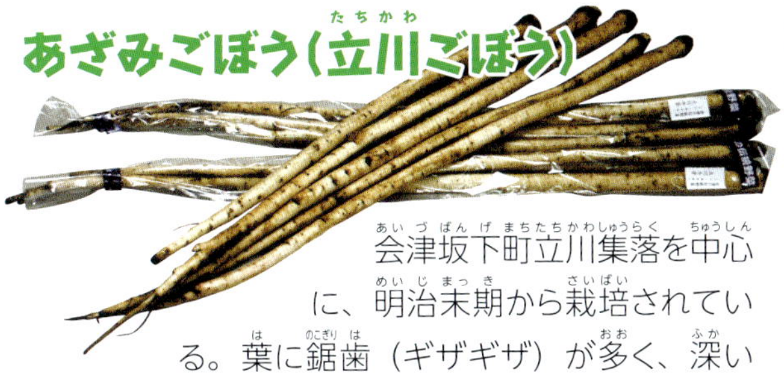

会津坂下町立川集落《あいづばんげまちたちかわしゅうらく》を中心《ちゅうしん》に、明治末期《めいじまっき》から栽培《さいばい》されている。葉《は》に鋸歯《のこぎりは》（ギザギザ）が多《おお》く、深《ふか》い切《き》れこみがあるアザミの葉《は》のようになることから、その名《な》がついた。根《ね》は先端《せんたん》に向《む》かってだんだんと細《ほそ》くなっている。

信夫冬菜《しのぶふゆな》

福島市《ふくしまし》をふくめた地域《ちいき》の旧《きゅう》郡《ぐん》「信夫《しのぶ》」が名前《なまえ》の由来《ゆらい》。江戸時代《えどじだい》後期《こうき》に伊勢神宮《いせじんぐう》へ参拝《さんぱい》にいった人《ひと》が種《たね》をもちかえったのがはじまりといわれる。寒《さむ》い時期《じき》に、こい緑《みどり》色《いろ》で光沢《こうたく》のある葉《は》に育《そだ》つ。葉《は》はやわらかく、味《あじ》もよい。

会津菊《あいづきく》かぼちゃ

江戸時代《えどじだい》ごろから会津若《あいづわか》松市《まつし》の門田町飯寺地区《もんでんまちにいでらちく》を中心《ちゅうしん》に栽培《さいばい》されていた日《に》本《ほん》かぼちゃ。肉質《にくしつ》は粘質《ねんしつ》で、西洋《せいよう》かぼちゃとは食《しょっ》感《かん》がややことなる。現在《げんざい》は会津若松市《あいづわかまつし》の一部《いちぶ》で少《しょう》量《りょう》が栽培《さいばい》されている。

慶徳《けいとく》たまねぎ

喜多方市慶徳地《きたかたしけいとくち》区《く》で採取《さいしゅ》された種《たね》を会津地方《あいづちほう》で栽培《さいばい》するようになった。たてが長《なが》い球形《きゅうけい》で、やわらかくあまみが強いのが特徴。

真渡《まわた》うり

まくわうりの一種《いっしゅ》。北会津村真渡《きたあいづむらまわた》を中心《ちゅうしん》に栽培《さいばい》されているので、この名《な》がついた。真渡《まわた》うりのルーツとなるものが大正時代初期《たいしょうじだいしょき》にこの地《ち》で栽培《さいばい》され、その後《ご》、現在《げんざい》の種《たね》となった。ツヤがあり、完熟《かんじゅく》すると果皮《かひ》が銀色《ぎんいろ》になり、よい香《かお》りがする。あまみもあるが、プリンスメロンの登場《とうじょう》とともに、栽《さい》培《ばい》がすくなくなった。

もっと知《し》りたい!

伝統野菜《でんとうやさい》の誕生《たんじょう》ものがたり

全国各地《ぜんこくかくち》には、その地域《ちいき》で長《なが》らく栽培《さいばい》され親《した》しまれてきた伝統野菜《でんとうやさい》があります。もともとその土地《とち》に自生《じせい》していたものや、旅人《たびびと》がもちかえったもの、政府《せいふ》が海外《かいがい》から導入《どうにゅう》したものなど、そのルーツはさまざまです。

参勤交代《さんきんこうたい》の大名《だいみょう》たちや旅人《たびびと》たちがもととなる伝統野菜《でんとうやさい》

江戸時代《えどじだい》に参勤交代《さんきんこうたい》で集《あつ》まってきた大名《だいみょう》とともに全国各地《ぜんこくかくち》から集《あつ》まった地元野菜《じもとやさい》の種《たね》を、江戸《えど》やその近郊《きんこう》で改良《かいりょう》したのが練馬《ねりま》だいこんや小松菜《こまつな》など、東京《とうきょう》の江戸野菜《えどやさい》(→45ページ)です。

ぎゃくに、参勤交代時《さんきんこうたいじ》に手軽《てがる》なみやげとして、江《え》戸やとちゅうの地域《ちいき》から種《たね》を地元《じもと》へもちかえって栽《さい》培《ばい》された野菜《やさい》もあります。

石川県《いしかわけん》の**加賀《かが》れんこん**(→53ページ)
和歌山県《わかやまけん》の**和歌山《わかやま》だいこん**(→68ページ)
鳥取県《とっとりけん》の**砂丘《さきゅう》らっきょう**(→73ページ)
大分県《おおいたけん》の**久住高菜《くじゅうたかな》**(→89ページ)

お伊勢《いせ》参《まい》りや四国《しこく》の金比羅《こんぴら》参《まい》りなどのときに、旅人《たびびと》がもちかえった種《たね》を植《う》えて育《そだ》てられた野菜《やさい》もあります。

滋賀県《しがけん》の**秦荘《はたしょう》やまいも**(→63ページ)
鳥取県《とっとりけん》の**花御所柿《はなごしょがき》**(→73ページ)
山口県《やまぐちけん》の**徳佐《とくさ》うり**(→77ページ)

加賀《かが》れんこん

開拓使《かいたくし》や戦争《せんそう》からもどった人《ひと》たちがもととなる伝統野菜《でんとうやさい》

鎖国政策《さこくせいさく》をとっていた江戸時代《えどじだい》が終《お》わり、文明《ぶんめい》開化《かいか》の明治時代《めいじじだい》になると、西洋野菜《せいようやさい》の種《たね》を輸入《ゆにゅう》し、それを全国《ぜんこく》に配布《はいふ》するということがおこなわれました。北海道《ほっかいどう》では、明治政府《めいじせいふ》が設置《せっち》した開拓使《かいたくし》が、欧米《おうべい》から農業技術《のうぎょうぎじゅつ》や種《たね》を取《と》りいれ、**まさかりかぼちゃ**、**札幌黄《さっぽろき》たまねぎ**、**札幌大球《さっぽろおおだま》キャベツ**など北《ほっ》海道《かいどう》にあう野菜《やさい》を栽培《さいばい》しました(→30ページ)。

日清戦争《にっしんせんそう》に従軍《じゅうぐん》した農村出身《のうそんしゅっしん》の兵士《へいし》たちが中国《ちゅうごく》からもちかえった野菜《やさい》や、第二次世界大戦後《だいにじせかいたいせんご》に中《ちゅう》国《ごく》から引《ひ》きあげるときにもちかえった種《たね》を育《そだ》てた野《や》菜《さい》もあります。

宮城県《みやぎけん》の**仙台《せんだい》はくさい**(→33ページ)
山口県《やまぐちけん》の**岩国赤《いわくにあか》だいこん**(→77ページ)
長崎県《ながさきけん》の**雲仙《うんぜん》こぶ高菜《たかな》**(→87ページ)

仙台《せんだい》はくさい

関東地方《かんとうちほう》 気候《きこう》・風土《ふうど》と農作物《のうさくぶつ》

日本海《にほんかい》
利根川《とねがわ》
尾瀬沼《おぜぬま》
野反湖《のぞりこ》
片品川《かたしながわ》
栃木県《とちぎけん》
中禅寺湖《ちゅうぜんじこ》
吾妻川《あがつまがわ》
群馬県《ぐんまけん》
榛名湖《はるなこ》
鬼怒川《きぬがわ》
茨城県《いばらきけん》
渡良瀬川《わたらせがわ》
久慈川《くじがわ》
那珂川《なかがわ》
涸沼《ひぬま》
鹿島灘《かしまなだ》
関東平野
霞ヶ浦《かすみがうら》
北浦《きたうら》
利根川《とねがわ》
埼玉県《さいたまけん》
秩父盆地
荒川《あらかわ》
隅田川《すみだがわ》
関東山地
狭山丘陵
武蔵野台地
多摩湖《たまこ》
奥多摩湖《おくたまこ》
津久井湖《つくいこ》
相模湖《さがみこ》
東京都《とうきょうと》
印旛沼《いんばぬま》
下総台地
江戸川《えどがわ》
犬吠埼《いぬぼうざき》
東京湾《とうきょうわん》
九十九里浜《くじゅうくりはま》
千葉県《ちばけん》
桂川《かつらがわ》
宮ヶ瀬湖《みやがせこ》
神奈川県《かながわけん》
多摩川《たまがわ》
鶴見川《つるみがわ》
房総半島《ぼうそうはんとう》
房総丘陵
丹沢湖《たんざわこ》
芦ノ湖《あしのこ》
相模川《さがみがわ》
三浦半島《みうらはんとう》
相模湾《さがみわん》
酒匂川《さかわがわ》
伊豆半島《いずはんとう》
大島《おおしま》
太平洋《たいへいよう》
鳥島《とりしま》
東京都《とうきょうと》
太平洋《たいへいよう》
伊豆半島《いずはんとう》
大島《おおしま》
三宅島《みやけじま》
伊豆諸島《いずしょとう》
八丈島《はちじょうじま》
青ヶ島《あおがしま》
東京都《とうきょうと》
鳥島《とりしま》
父島列島《ちちじまれっとう》
母島列島《ははじまれっとう》
小笠原諸島《おがさわらしょとう》
硫黄島《いおうとう》

茨城県《いばらきけん》
面積《めんせき》:6,097km²(全国《ぜんこく》24位《い》)
人口《じんこう》:292万人《まんにん》(全国《ぜんこく》11位《い》)
県花《けんか》:バラ
県鳥《けんちょう》:ヒバリ

栃木県《とちぎけん》
面積《めんせき》:6,408km²(全国《ぜんこく》20位《い》)
人口《じんこう》:198万人《まんにん》(全国《ぜんこく》18位《い》)
県花《けんか》:ヤシオツツジ
県鳥《けんちょう》:オオルリ

群馬県《ぐんまけん》
面積《めんせき》:6,362km²(全国《ぜんこく》21位《い》)
人口《じんこう》:198万人《まんにん》(全国《ぜんこく》19位《い》)
県花《けんか》:レンゲツツジ
県鳥《けんちょう》:ヤマドリ

埼玉県《さいたまけん》
面積《めんせき》:3,798km²(全国《ぜんこく》39位《い》)
人口《じんこう》:724万人《まんにん》(全国《ぜんこく》5位《い》)
県花《けんか》:サクラソウ
県鳥《けんちょう》:シラコバト

千葉県《ちばけん》
面積《めんせき》:5,158km²(全国《ぜんこく》28位《い》)
人口《じんこう》:620万人《まんにん》(全国《ぜんこく》6位《い》)
県花《けんか》:ナノハナ
県鳥《けんちょう》:ホオジロ

東京都《とうきょうと》
面積《めんせき》:2,191km²(全国《ぜんこく》45位《い》)
人口《じんこう》:1,339万人《まんにん》(全国《ぜんこく》1位《い》)
都花《とか》:ソメイヨシノ
都鳥《とちょう》:ユリカモメ

神奈川県《かながわけん》
面積《めんせき》:2,416km²(全国《ぜんこく》43位《い》)
人口《じんこう》:910万人《まんにん》(全国《ぜんこく》2位《い》)
県花《けんか》:ヤマユリ
県鳥《けんちょう》:カモメ

※ 人口《じんこう》は平成《へいせい》26年《ねん》10月《がつ》1日現在《ついたちげんざい》

かんぴょう
くり
みかん
なし
はくさい
だいこん
キャベツ
こんにゃくいも
れんこん
ピーマン
ねぎ
茶《ちゃ》
落花生《らっかせい》
メロン
いちご
しょうゆ
イワシ
タイ
乳牛《にゅうぎゅう》

茨城県《いばらきけん》

太平洋《たいへいよう》に面《めん》した茨城県《いばらきけん》は、冬《ふゆ》は雨《あめ》がすくなく、乾燥《かんそう》しているので、特産《とくさん》の干《ほ》しいもの生産《せいさん》に最適《さいてき》な気候《きこう》です。利根川《とねがわ》、久慈川《くじがわ》、霞ヶ浦《かすみがうら》などに関連《かんれん》する水路《すいろ》や、筑波山《つくばさん》のふもとから広《ひろ》がる平野部《へいやぶ》など、めぐまれた環境《かんきょう》のなかで、さまざまな農作物《のうさくぶつ》がつくられています。

干《ほ》しいもが特産品《とくさんひん》だけに、さつまいもの栽培《さいばい》もさかん。栽培面積《さいばいめんせき》、生産量《せいさんりょう》は全国《ぜんこく》2位《い》をほこる。

栃木県《とちぎけん》

栃木県《とちぎけん》は埼玉県《さいたまけん》、群馬県《ぐんまけん》、茨城県《いばらきけん》、福島県《ふくしまけん》に接《せっ》していて、海《うみ》をもたない内陸県《ないりくけん》です。基本的《きほんてき》には太平洋側気《たいへいようがわき》候《こう》ですが、日光《にっこう》などの山岳地帯《さんがくちたい》の冬《ふゆ》はきびしく、氷点下《ひょうてんか》がつづくので、乾《かん》燥品《そうひん》をつくるのに適《てき》しています。平野《へいや》地《ち》の地質《ちしつ》は泥岩《でいがん》などが基盤《きばん》で、園芸《えんげい》に適《てき》した「鹿沼土《かぬまつち》」が有名《ゆうめい》です。

日本一《にほんいち》の産地《さんち》をほこるゆうがおは、かんぴょうのもと。細《ほそ》いひも状《じょう》にむいて乾燥《かんそう》させる。

群馬県《ぐんまけん》

群馬県《ぐんまけん》は、ほとんどが太平洋側気《たいへいようがわき》候《こう》ですが、利根郡《とねぐん》などでは、日本海《にほんかい》側《がわ》の気候《きこう》や内陸性《ないりくせい》の気候《きこう》になる日《ひ》もあります。北部《ほくぶ》の山間部《さんかんぶ》の冬《ふゆ》は雪《ゆき》が多《おお》く、平野部《へいやぶ》は乾燥《かんそう》します。全体《ぜんたい》として豊富《ほうふ》な水資源《みずしげん》と日照時間《にっしょうじかん》にめぐまれ、平坦地《へいたんち》から高冷地《こうれいち》まで1年《ねん》じゅう新鮮《しんせん》な野菜《やさい》が栽培《さいばい》されています。

太陽《たいよう》をあびてどんどん大《おお》きくなる下仁田《しもにた》ねぎ(→42ページ)。下仁田《しもにた》および、そのごく近《ちか》くの限《かぎ》られた地域《ちいき》でしかおいしく育《そだ》たないという。

埼玉県《さいたまけん》

南北《なんぼく》に流《なが》れる江戸川《えどがわ》、中川《なかがわ》などの流域《りゅういき》では米《こめ》を中心《ちゅうしん》とした農業《のうぎょう》がさかんです。東《ひがし》は平野部《へいやぶ》ですが、西《にし》は山地《さんち》部《ぶ》で、夏《なつ》は高温多湿《こうおんたしつ》、冬《ふゆ》は低温乾燥《ていおんかんそう》という昼夜《ちゅうや》の寒暖《かんだん》の差《さ》がはげしい内陸《ないりく》性《せい》の気候《きこう》になります。日本《にほん》トップクラスの生産量《せいさんりょう》をほこるねぎが有名《ゆうめい》です。

県北部《けんほくぶ》の深谷市《ふかやし》で栽培《さいばい》されている深谷《ふかや》ねぎは、全《ぜん》国的《こくてき》に知《し》られている。

千葉県《ちばけん》

千葉県《ちばけん》は海《うみ》ぞいの温暖《おんだん》な気候《きこう》にめぐまれた地域《ちいき》です。むかしは江戸《えど》、現《げん》在《ざい》は京浜地区《けいひんちく》という大消費地《だいしょうひち》が近《ちか》くにある、という立地《りっち》にもめぐまれています。好条件《こうじょうけん》を生《い》かし、かぶ、さといも、ねぎ、ほうれんそうなどは日本一《にほんいち》の生《せい》産量《さんりょう》となっています。

日本《にほん》の落花生《らっかせい》のおよそ8割《わり》を生産《せいさん》。土《つち》からほった落花生《らっかせい》の株《かぶ》をさかさまにして1か月《げつ》ほど畑《はたけ》で乾燥《かんそう》させる。この山《やま》を「ぼっち」という。

東京都《とうきょうと》

東京都《とうきょうと》の気候《きこう》は、夏《なつ》に降水量《こうすいりょう》が多《おお》く、冬《ふゆ》に晴天《せいてん》がつづく太平洋側気候《たいへいようがわきこう》です。農地《のうち》は多摩地区《たまちく》や、伊豆諸島《いずしょとう》などの島《とう》しょ部《ぶ》に集中《しゅうちゅう》しています。江戸《えど》の中心《ちゅうしん》へ野菜《やさい》を供給《きょうきゅう》した東京西部《とうきょうせいぶ》の近郊農村《きんこうのうそん》では、畑《はたけ》が多《おお》く、いまも伝《でん》統野菜《とうやさい》を栽培《さいばい》しています。

東京《とうきょう》の都心部《としんぶ》には農産物《のうさんぶつ》をつくる土地《とち》の余裕《よゆう》はないが、近郊《きんこう》にはまだ畑《はたけ》が多《おお》く見《み》られる。

神奈川県《かながわけん》

広《ひろ》い関東平野《かんとうへいや》をもつ神奈川県《かながわけん》は、気候《きこう》が温暖《おんだん》で雨量《うりょう》も多《おお》く、土地《とち》が肥《ひ》沃《よく》です。夏《なつ》の野菜《やさい》も冬《ふゆ》の野菜《やさい》も育《そだ》ちやすく、農作物《のうさくぶつ》の栽培《さいばい》に適《てき》しています。大消費都市《だいしょうひとし》である東京《とうきょう》への輸送《ゆそう》が便《べん》利《り》なことも、野菜《やさい》の生産《せいさん》が拡大《かくだい》した理《り》由《ゆう》となっています。

すぐれた土壌《どじょう》をもつ三浦《みうら》の大地《だいち》で、太陽《たいよう》のめぐみを十分《じゅうぶん》にあびて育《そだ》つ「三浦《みうら》だいこん」。

茨城県《いばらきけん》

冬《ふゆ》の夜間《やかん》に気温《きおん》が下《さ》がるという気候《きこう》が、伝統食《でんとうしょく》の「凍《し》みどうふ」や「凍《し》みこんにゃく」をつくりだしました。平野部《へいやぶ》では、肥沃《ひよく》な土壌《どじょう》にあった野菜《やさい》が栽培《さいばい》されてきました。日本一《にほんいち》の生産量《せいさんりょう》をほこるメロンも、めぐまれた土壌《どじょう》にあった作物《さくもつ》のひとつです。

赤《あか》ねぎ

畑《はたけ》によって発色《はっしょく》にちがいがある。株《かぶ》が分《わ》かれて本数《ほんすう》がふえるのも特徴《とくちょう》。

県北部《けんほくぶ》の桂村《かつらむら》（現在《げんざい》は城里町《しろさとまち》）の圷地区《あくつちく》で栽培《さいばい》されていたので「圷《あくつ》ねぎ」の名《な》で知《し》られていた。白根部分《しろねぶぶん》の表面《ひょうめん》は赤《あか》むらさき色《いろ》だが、なかは白《しろ》く、やわらかい。

江戸崎《えどさき》かぼちゃ

県南部《けんなんぶ》にある稲敷台地《いなしきだいち》で50年以上《ねんいじょう》にわたり栽培《さいばい》されている稲敷市《いなしきし》の名産品《めいさんひん》。完熟《かんじゅく》してから収穫《しゅうかく》されるので、あまみが強《つよ》い。

浮島《うきしま》だいこん

霞ケ浦周辺《かすみがうらしゅうへん》の桜川村浮島地区《さくらがわむらうきしまちく》で古《ふる》くから栽培《さいばい》されていた。こん棒《ぼう》のような形《かたち》をしているだいこん。からみがすくなく、やわらかい肉質《にくしつ》で、おもにたくあんづけに使《つか》われる。

貝地高菜《かいじたかな》

石岡市《いしおかし》の市街地貝地地区《しがいちかいじちく》で栽培《さいばい》されている。こい緑色《みどりいろ》で茎《くき》が太《ふと》く、葉《は》にピリッとからみがある。葉《は》からし菜《な》の一種《いっしゅ》で、江戸時代《えどじだい》には高菜《たかな》づけに利用《りよう》されていたといわれる。

ヤーコン

伝統野菜《でんとうやさい》ではないが、つくば市郊外《しこうがい》を中心《ちゅうしん》に栽培《さいばい》されている菊《きく》いものなかま。食物繊維《しょくもつせんい》が豊富《ほうふ》で便秘《べんぴ》を改善《かいぜん》するなどの作用《さよう》が注目《ちゅうもく》されるようになった。なしとれんこんの中間《ちゅうかん》のような食感《しょっかん》で、ほのかなあまみと、みずみずしさが特徴《とくちょう》。

れんこん

霞ケ浦周辺《かすみがうらしゅうへん》の湿地帯《しっちたい》で栽培《さいばい》されています。収穫量《しゅうかくりょう》は全国《ぜんこく》1位《い》。東京市場《とうきょうしじょう》の9割《わり》をしめています。原産地《げんさんち》は中国《ちゅうごく》の揚子江沿岸《ようすこうえんがん》であるといわれ、日本《にほん》に明治時代以降《めいじじだいいこう》に中国《ちゅうごく》から入《はい》ってきた中国種《ちゅうごくしゅ》と、それ以前に中国から伝《つた》えられた在来種《ざいらいしゅ》があります。いま市場《しじょう》に流《なが》れている大半《たいはん》が明治初期《めいじしょき》に導入《どうにゅう》された中国種《ちゅうごくしゅ》です。あいたあなが「先《さき》を見《み》通《とお》す」といわれ、縁起《えんぎ》がいいと祝《いわ》いごとに使《つか》われます。

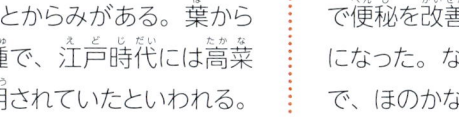

栃《とち》木《ぎ》県《けん》

冬《ふゆ》に日照時間《にっしょうじかん》が長《なが》い、という特性《とくせい》を生《い》かした、個性豊《こせいゆた》かな野菜《やさい》が栽《さい》培《ばい》されてきました。日本一《にほんいち》の生産量《せいさんりょう》をほこるいちごの「とちおとめ」も、栃木県《とちぎけん》の気候《きこう》が冬《ふゆ》のハウス栽培《さいばい》にあったことからうまれた果実《かじつ》のひとつです。ほかにはかんぴょう、ゆばなどが特産品《とくさんひん》となっています。

かき菜《な》

春《はる》の季節《きせつ》の野菜《やさい》として重宝《ちょうほう》がられている。

古《ふる》くから県南部《けんなんぶ》の佐野市《さのし》などで栽培《さいばい》されていた。生長中《せいちょうちゅう》の若芽《わかめ》をかきとって食用《しょくよう》とすることから、その名《な》がついた。春先《はるさき》に、つぼみをつける準備《じゅんび》ができる前段階《ぜんだんかい》で、しんを順次収穫《じゅんじしゅうかく》する。

ゆうがお

1711（正徳元《しょうとくがん》）年《ねん》、江州《ごうしゅう》（現在《げんざい》の滋賀県《しがけん》近江《おうみ》）の水口城主《みなくちじょうしゅ》が栃木県《とちぎけん》壬生町《みぶまち》にあった壬生城主《みぶじょうしゅ》となったとき、滋賀県《しがけん》の蒲生郡《がもうぐん》木村《きむら》（現在《げんざい》の東近江市《ひがしおうみし》）から種《たね》を取《と》りよせ、領地内《りょうちない》でつくらせたのがはじまりといわれる。以来《いらい》300年以上《ねんいじょう》もつづく名産品《めいさんひん》となった。

巻《ま》きずしや煮《に》ものなどに使《つか》うかんぴょうは、ゆうがおの果実《かじつ》を加工《かこう》したもの(→25、39ページ)。

宮《みや》ねぎ

栃木市《とちぎし》付近《ふきん》で江戸時代《えどじだい》から栽培《さいばい》されていて、商人《しょうにん》が江戸《えど》へ出向《でむ》くときに持参《じさん》したところ評判《ひょうばん》がよいので、その後《ご》、毎年《まいとし》お歳暮《せいぼ》としておくったと伝《つた》えられている。ずんぐりとした形《かたち》で、加熱《かねつ》するとあまくやわらかくなる。

大田原《おおたわら》とうがらし

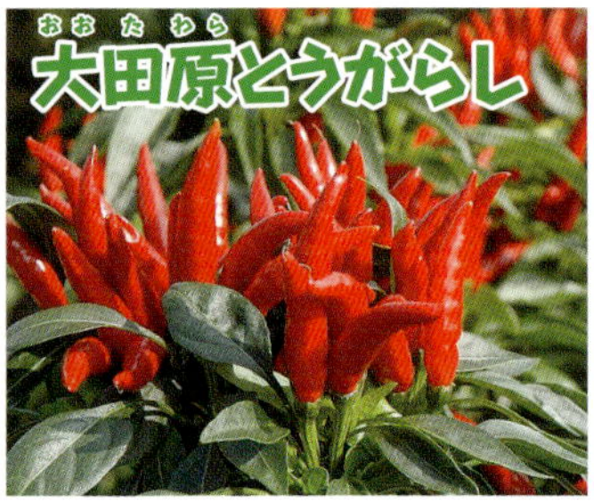

昭和初期《しょうわしょき》から大田原市《おおたわらし》を中心《ちゅうしん》に栽培《さいばい》されている。昭和《しょうわ》20〜40年代《ねんだい》に最盛期《さいせいき》をむかえ、日本一《にほんいち》の生産量《せいさんりょう》をほこった。1955（昭和《しょうわ》30）年《ねん》ごろにつくられた「栃木三鷹《とちぎみたか》」という品種《ひんしゅ》は全国各地《ぜんこくかくち》に広《ひろ》がり、現在日本《げんざいにほん》でつくられている一味《いちみ》・七味《しちみ》に使《つか》われているのは、ほとんどがこの品種《ひんしゅ》からのとうがらしだといわれている。

中山《なかやま》かぼちゃ

第二次世界大戦後《だいにじせかいたいせんご》、北海道《ほっかいどう》の開拓者《かいたくしゃ》がつくっていたかぼちゃを烏山町《からすやままち》の中山地区《なかやまちく》でも栽培《さいばい》するようになったので、この名《な》前《まえ》がついたといわれる。上品《じょうひん》なあまさとホクホクした食感《しょっかん》が特徴《とくちょう》。

とちおとめ

日本一《にほんいち》の生産量《せいさんりょう》をほこるいちご王国栃木県《おうこくとちぎけん》の人気品種《にんきひんしゅ》は「とちおとめ」です。「女峰《にょほう》」の後継品《こうけいひん》種《しゅ》として、1996年《ねん》に栃木県《とちぎけん》の農業試験場《のうぎょうしけんじょう》で交《こう》配《はい》、選抜《せんばつ》、育成《いくせい》されました。あまみと酸味《さんみ》のバランスがよく、日持《ひも》ちもいいので、人気《にんき》があります。

群馬県《ぐんまけん》

山地《さんち》が多《おお》い群馬県《ぐんまけん》では、標高《ひょうこう》10mの平野部《へいやぶ》から標高《ひょうこう》1400mの高冷地《こうれいち》まで、一年《いちねん》じゅう新鮮《しんせん》な野菜《やさい》が栽培《さいばい》されています。日照時間《にっしょうじかん》が長《なが》く、水《みず》にもめぐまれていて、古《ふる》くからきゅうりの栽培《さいばい》もさかんです。きゅうりの生産量《せいさんりょう》は、日本《にほん》のトップクラスです。

下仁田《しもにた》ねぎ

江戸時代《えどじだい》から下仁田地区《しもにたちく》で栽培《さいばい》されている。味《あじ》と、そのすがたから「ねぎの王様《おうさま》」ともいわれている。太《ふと》くずんぐりとした形《かたち》が特徴《とくちょう》で、あまみとコクがあり、鍋料理《なべりょうり》に向《む》いている。

下仁田《しもにた》こんにゃくいも

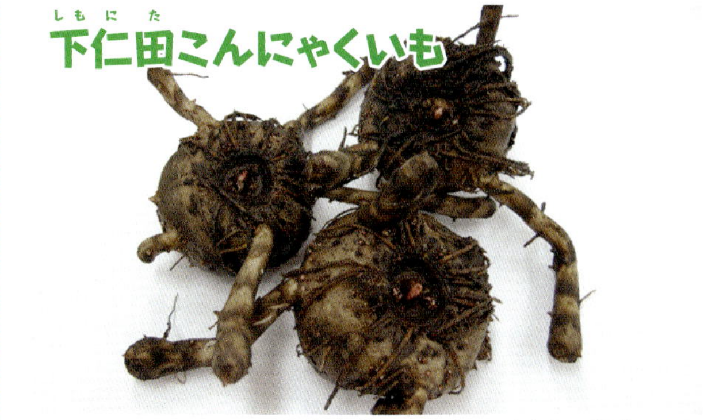

こんにゃくいもは、室町時代《むろまちじだい》の後期《こうき》に紀州《きしゅう》（現在《げんざい》の和歌山県《わかやまけん》と三重県南部《みえけんなんぶ》）から伝《つた》えられたといわれている。1876（明治《めいじ》9）年《ねん》、下仁田地区《しもにたちく》で本格的《ほんかくてき》に栽培《さいばい》がはじまった。下仁田地区《しもにたちく》の山間部《さんかんぶ》は雨量《うりょう》が多《おお》く湿気《しっけ》があり、水《みず》はけがよいので、こんにゃくいもの栽培《さいばい》に適《てき》している。

幅広《はばひろ》いんげん

すじがない平《ひら》さやのいんげん。大正時代《たいしょうじだい》の終《お》わりごろ、県内六号村《けんないくにむら》（中之条町《なかのじょうまち》）の竹内《たけうち》という人《ひと》が北海道《ほっかいどう》からもちこみ、集落全体《しゅうらくぜんたい》に広《ひろ》がっていった。さやには厚《あつ》みがあり、ゆでるとあまくやわらかくなる。

宮内菜《みやうちな》

あぶら菜《な》の一種《いっしゅ》。育成者《いくせいしゃ》の姓《せい》から名前《なまえ》がついた。葉《は》が淡《あわ》い緑色《みどりいろ》で、照《て》りがなく、内側《うちがわ》に湾曲《わんきょく》しているのが特徴《とくちょう》。ゆでるとやわらかくなり、あまみが広がる。くせがなく、アクはすくない。

国分《こくぶ》にんじん

大正時代《たいしょうじだい》のはじめに西洋系《せいようけい》の大長《おおなが》にんじんをもとに品種改良《ひんしゅかいりょう》してつくられた長《なが》いにんじん。一般的《いっぱんてき》なにんじんよりも色《いろ》があざやかで、肉質《にくしつ》がしっかりしている。

入山《いりやま》きゅうり

中之条町入山地区《なかのじょうまちいりやまちく》を中心《ちゅうしん》に、おもに自分《じぶん》の家《いえ》で食《た》べるために栽培《さいばい》されてきた。長《なが》さが17〜18cmと短《みじか》くて太《ふと》く、黒《くろ》いイボがある。果汁《かじゅう》が多《おお》くてやわらかく、みずみずしいのが特徴《とくちょう》。

埼玉県《さいたまけん》

埼玉県《さいたまけん》といえば、岩槻《いわつき》ねぎ、潮止晩《しおどめおく》ねぎ、深谷《ふかや》ねぎというように、ねぎが有名《ゆうめい》です。その生産量《せいさんりょう》は千葉県《ちばけん》に次《つ》いで全国《ぜんこく》2位《い》です。また、さつまいもの生産地《せいさんち》として有名《ゆうめい》な川越《かわごえ》では、さつまいもを使《つか》った加工《かこう》品《ひん》も多《おお》く、「川越《かわごえ》いも」の名前《なまえ》は広《ひろ》く知《し》られています。

くわい

くわいは、奈良時代《ならじだい》に中国《ちゅうごく》から日《に》本《ほん》に伝来《でんらい》したといわれる。埼玉県《さいたまけん》では、江戸時代中期《えどじだいちゅうき》から栽培《さいばい》が始《はじ》まり、1786（天明《てんめい》6）年《ねん》の大水害《だいすいがい》で稲作《いなさく》が全《ぜん》滅《めつ》したときにくわいが高《たか》く売《う》れて農家《のうか》を救《すく》ったといういいつたえもある。

大《おお》きく長《なが》い芽《め》をつけたすがたから「めでたい」といわれ、おめでたい縁起《えんぎ》ものとされている。

埼玉青《さいたまあお》なす

古《ふる》くから奈良《なら》づけとして使《つか》われてきた緑色《みどりいろ》のなす。明治時代初期《めいじじだいしょき》に中《ちゅう》国《ごく》からもちこまれたなすの種《たね》が、中山道《なかせんどう》ぞいの上《あげ》尾市《おし》から鴻巣市《こうのすし》にかけての地域《ちいき》にもちこまれ、栽《さい》培《ばい》されるようになったといわれる。重《おも》さが100～200gにもなる。

岩槻《いわつき》ねぎ

南埼玉郡慈恩寺村《みなみさいたまぐんじおんじそん》（現在《げんざい》のさいたま市岩槻区《しいわつきく》）が原産《げんさん》。岩槻《いわつき》に集《あつ》まったねぎは元荒川《もとあらかわ》から古利《ふると》根川《ねがわ》をへて江戸《えど》へ送《おく》られたので、「岩槻《いわつき》ねぎ」といわれた。葉《は》の部分《ぶぶん》が多《おお》い葉《は》ねぎの一種《いっしゅ》。

紅赤《べにあか》

川越《かわごえ》のさつまいも栽培《さいばい》は、1751（寛延《かんえん》4）年《ねん》に上総国《かずさのくに》（現在《げんざい》の千葉県《ちばけん》）から種《たね》を導入《どうにゅう》したのがはじまりといわれる。川越《かわごえ》の地質《ちしつ》がさつまいもの栽培《さいばい》にあっていたことから、この地《ち》に定着《ていちゃく》し、「川越《かわごえ》いも」として江戸《えど》やそのほかの地域《ちいき》に売《う》られていった。

山東菜《さんとうさい》

半結球《はんけっきゅう》（胴部《どうぶ》はしまり、頭部《とうぶ》は開《ひら》いている）のはくさい。明治時代中期《めいじじだいちゅうき》に東京《とうきょう》の西新井《にしあらい》（現在《げんざい》の足立区《あだちく》内《ない》）で栽培《さいばい》されていたものが、隣接《りんせつ》する埼玉県草加《さいたまけんそうか》市《し》周辺《しゅうへん》に大正時代《たいしょうじだい》に伝《つた》わった。低湿《ていしつ》で肥沃《ひよく》な土壌《どじょう》が適《てき》していて普及《ふきゅう》。冬《ふゆ》のつけものにかかせない食材《しょくざい》だ。

市場《しじょう》から消《き》えた岩槻《いわつき》ねぎ

埼玉県《さいたまけん》では、明治以降《めいじいこう》に栽培《さいばい》を始《はじ》めた深谷《ふかや》ねぎ（→39ページ）が全国的《ぜんこくてき》に知《し》られ、深谷《ふかや》ねぎは埼玉《さいたま》県《けん》を代表《だいひょう》する秋冬《あきふゆ》ねぎの代名詞《だいめいし》ともなっています。岩槻《いわつき》ねぎは伝統野菜《でんとうやさい》ですが、いまでは白《しろ》い部分《ぶぶん》が多《おお》い千住系《せんじゅけい》の根深《ねぶか》ねぎの方《ほう》が普及《ふきゅう》して、残念《ざんねん》ながら市場《しじょう》から消《き》えてしまいました。しかし、近年《きんねん》、復活《ふっかつ》をめざした活動《かつどう》がつづけられています。

岩槻《いわつき》ねぎは、地域《ちいき》の農《のう》家《か》に守《まも》り育《そだ》てられてきた。

千葉県《ちばけん》

利根川《とねがわ》、印旛沼《いんばぬま》をはじめ、小《ちい》さな沼《ぬま》が多《おお》く水源《すいげん》にめぐまれた千葉県《ちばけん》は、水田《すいでん》も多《おお》く、稲作《いなさく》もさかんです。また、それほど高《たか》くない山《やま》が海《うみ》からの風《かぜ》をふせぎ、温暖《おんだん》な気候《きこう》をたもち、果実《かじつ》の栽培《さいばい》にも適《てき》しています。すいか、びわ、みかん類《るい》などもさかんに栽培《さいばい》されています。

矢切《やぎり》ねぎ

松戸市《まつどし》は市内各地《しないかくち》でねぎの生産《せいさん》がさかんだが、そのなかでも矢切地区《やぎりちく》で生産《せいさん》されるねぎは「矢切《やぎり》ねぎ」として全国的《ぜんこくてき》に知《し》られている。東京《とうきょう》の「千住《せんじゅ》ねぎ」の種《たね》をゆずりうけて栽培《さいばい》したところ、土質《どしつ》が適《てき》していたことから、明治時代初期《めいじじだいしょき》から本格的《ほんかくてき》な栽培《さいばい》が始《はじ》まった。

大浦《おおうら》ごぼう

直径《ちょっけい》10cm前後《ぜんご》、長《なが》さが1～1.2mにもなる長《なが》いごぼう。939（天慶《てんけい》2）年《ねん》、平将門《たいらのまさかど》の討伐《とうばつ》を任《にん》じられた藤原秀郷《ふじわらひでさと》が、先勝《せんしょう》を祈願《きがん》して成田《なりた》山新勝寺《さんしんしょうじ》で大浦《おおうら》ごぼうの料理《りょうり》で酒宴《しゅえん》を開《ひら》いた。そののち勝利《しょうり》で凱旋《がいせん》したときにも大浦《おおうら》ごぼうの料理《りょうり》で祝《いわ》ったという伝説《でんせつ》がのこっている。

藤原氏《ふじわらし》の伝説《でんせつ》から「勝《か》つごぼう」ともいわれ、縁起《えんぎ》ものとして使《つか》われている。

千葉《ちば》の名物《めいぶつ》「落花生《らっかせい》」

江戸時代《えどじだい》に導入《どうにゅう》された落花生《らっかせい》は、明治時代以降《めいじじだいいこう》、本格的《ほんかくてき》に栽《さい》培《ばい》されるようになり、千葉県《ちばけん》の名《めい》物《ぶつ》となりました。在来種《ざいらいしゅ》である小《こ》つぶの豆落花生《まめらっかせい》は、一部《いちぶ》の農家《のうか》で自家採取《じかさいしゅ》されています。

早生一寸《わせいっすん》そら豆《まめ》

房総地区《ぼうそうちく》では、明治《めいじ》20年代《ねんだい》からそら豆《まめ》が栽培《さいばい》され、1897（明治《めいじ》30）年《ねん》ごろから東京《とうきょう》へ出荷《しゅっか》されていていた。「早生一寸《わせいっすん》そら豆《まめ》」は、1940（昭和《しょうわ》15）年《ねん》ごろから館山市周辺《たてやまししゅうへん》で栽培《さいばい》されるそら豆《まめ》で、一般《いっぱん》のものより収穫時期《しゅうかくじき》が1～2週《しゅう》間早《かんはや》い。

小《こ》かぶ

県北西部《けんほくせいぶ》にある柏市《かしわし》は、「小《こ》かぶ」の生産量《せいさんりょう》が全国《ぜんこく》で1位《い》をほこっている。大正時代《たいしょうじだい》、東京《とうきょう》の下町《したまち》のつけもの用《よう》に、近隣《きんりん》の開墾地《かいこんち》であった柏《かしわ》市《し》でつくられはじめたといわれている。もともと冷涼《れいりょう》な気候《きこう》をこのむ野菜《やさい》だが、長年《ながねん》の栽培技術《さいばいぎじゅつ》の研究《けんきゅう》や品種《ひんしゅ》の改良《かいりょう》により、ほぼ一年《いちねん》じゅう出荷《しゅっか》されるようになった。

東京都《とうきょうと》

東京《とうきょう》の「江戸野菜《えどやさい》」は、江戸時代《えどじだい》に参勤交代《さんきんこうたい》で集《あつ》まってきた大名《だいみょう》とともに全国《ぜんこく》から集《あつ》まった野菜《やさい》を江戸《えど》やその近郊《きんこう》で改良《かいりょう》したものです。江戸《えど》は耕作《こうさく》できる土《つち》が深《ふか》く、水《みず》はけのよい関東《かんとう》ローム層《そう》の土《つち》だったので、だいこんやごぼう、にんじんなどの根菜類《こんさいるい》が多《おお》くつくられてきました。

軟化《なんか》した根《ね》を食《た》べる。日《にっ》光《こう》をあてずに生長《せいちょう》させる「ムロ栽培技術《さいばいぎじゅつ》」は、江《え》戸時代末期《どじだいまっき》に武蔵野市吉祥寺《むさしのしきちじょうじ》で始《はじ》まった。武蔵野《むさしの》台地《だいち》の関東《かんとう》ローム層《そう》は4～5mほっても地下水《ちかすい》が出《で》ることがなく、軟化室《なんかむろ》をほるのに適《てき》していたので、うどの栽培《さいばい》に向《む》いていた。

うどには、白色《しろいろ》の「軟白《なんぱく》うど」と緑色《みどりいろ》の「山《やま》うど」の2種類《しゅるい》がある。「軟化《なんか》」とは、ものをやわらかくすること。

西洋《せいよう》あぶら菜《な》の一種《いっしゅ》。油《あぶら》の原料《げんりょう》として江戸時《えどじ》代初期《だいしょき》から栽培《さいばい》されていた。江戸時代《えどじだい》の天明《てんめい》・天保《てんぽう》の飢《き》きんを救《すく》った野菜《やさい》といわれている。西東京《にしとうきょう》の山麓地帯《さんろくちたい》で栽培《さいばい》されている。

江戸時代初期《えどじだいしょき》の江戸《えど》・葛西付近《かさいふきん》（現在《げんざい》の東京都東部《とうきょうととうぶ》）に葛西菜《かさいな》という菜《な》があり、味《あじ》のよいつけ菜《な》であることから全国的《ぜんこくてき》に知《し》られた。その後《ご》、この菜《な》を改良《かいりょう》したものを8代将軍《だいしょうぐん》の徳川吉宗《とくがわよしむね》が鷹《たか》狩《が》りで立《た》ちよった際《さい》に口《くち》にし、その菜《な》を気《き》に入《い》り、食《しょく》した場所《ばしょ》「小松川村《こまつがわむら》」にちなんで「小松菜《こまつな》」と名《な》づけたといわれている。

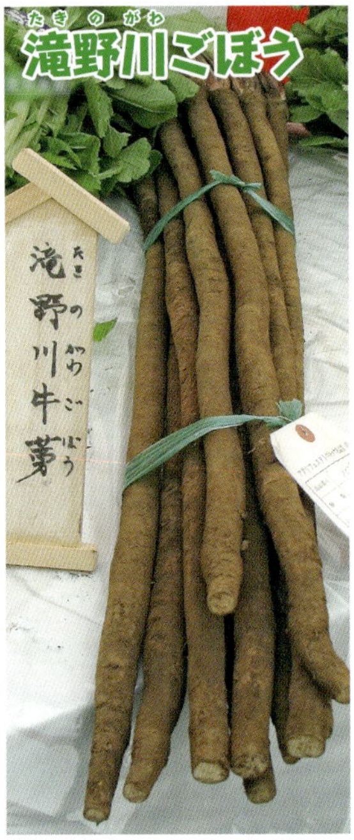

東京都北区《とうきょうときたく》の滝野川付《たきのがわふ》近《きん》で江戸時代初期《えどじだいしょき》から育《そだ》てられているごぼう。滝野川《たきのがわ》の土《つち》の深《ふか》さと水《みず》はけのよさを生《い》かして、80cmから1m以上《いじょう》に育《そだ》つものもある。

練馬地方《ねりまちほう》で江戸時代《えどじだい》からつくられているだいこん。練馬《ねりま》の土《つち》は深《ふか》く、だいこんの栽培《さいばい》に適《てき》していた。首《くび》が細《ほそ》く、中央部《ちゅうおうぶ》が太《ふと》く、下部《かぶ》は細《ほそ》く、しりがとがっている。たくあんづけ専用《せんよう》の「練馬尻細大根《ねりましりほそだいこん》」と、煮《に》もの用《よう》のやわらかい「練馬秋《ねりまあき》づまり大根《だいこん》」の2品種《ひんしゅ》あったが、現《げん》在《ざい》は品種改良《ひんしゅかいりょう》で多《おお》くの練馬系大根《ねりまけいだいこん》がうまれ、これらも練馬大根《ねりまだいこん》といわれている。

「江戸東京野菜《えどとうきょうやさい》」とは

江戸野菜《えどやさい》とは、江戸時代《えどじだい》から現在《げんざい》まで栽培《さいばい》がつづけられている野菜《やさい》といわれています。一方《いっぽう》、明治時代《めいじじだい》になり、欧米《おうべい》から日《に》本《ほん》にはない野菜《やさい》が入《はい》ってくると、昭和《しょうわ》30年代《ねんだい》ごろまで、東京《とうきょう》で品種改良《ひんしゅかいりょう》や栽培《さいばい》がさかんにおこなわれました。こうしてできた野菜《やさい》と江戸野菜《えどやさい》とをあわせ、「江戸東京野菜《えどとうきょうやさい》」という場合《ばあい》もあります。登録《とうろく》されている野菜《やさい》には、千住《せんじゅ》ねぎ、滝野川《たきのがわ》ごぼう、金《かな》町《まち》小《こ》かぶ、東京《とうきょう》うど、練馬《ねりま》だいこん、亀戸《かめいど》だいこん、小松菜《こまつな》などのほか、馬込三寸《まごめさんずん》にんじん、品川大《しながわおお》かぶ、谷中《やなか》しょうが、目《め》黒《ぐろ》のたけのこなどがくわわります。

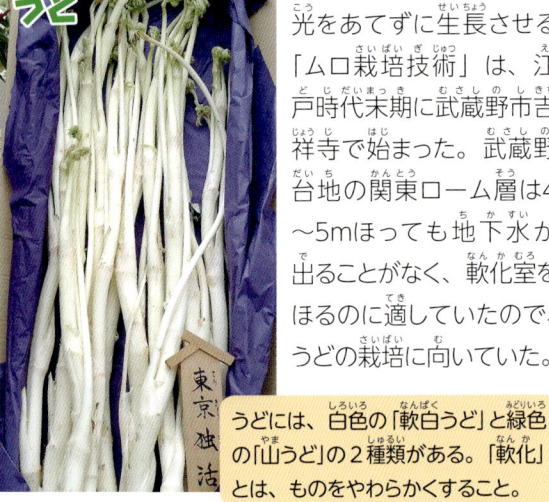

神奈川県《かながわけん》

冬《ふゆ》は暖《あたた》かく夏《なつ》はすずしい、温暖《おんだん》な気候《きこう》にめぐまれた三浦半島《みうらはんとう》は、全国有《ぜんこくゆう》数《すう》の露地野菜《ろじやさい》（温室《おんしつ》やビニールハウスなどを使《つか》わず、屋外《おくがい》の畑《はたけ》で栽培《さいばい》された野菜《やさい》）の産地《さんち》として知《し》られています。三浦《みうら》だいこん以外《いがい》にも、やわらかい三浦《みうら》キャベツや、あまみのある三浦《みうら》かぼちゃなど、種類《しゅるい》も豊富《ほうふ》です。

湘南《しょうなん》レッド

からみと刺激臭《しげきしゅう》がすくなく、あまみがある。

サラダなどに適《てき》した生食用《なましょくよう》のたまねぎ。1953（昭和《しょうわ》28）年《ねん》にアメリカから試験的《しけんてき》に導入《どうにゅう》した「スタックトン・アーリー・レッド」の品種改良《ひんしゅかいりょう》をかさね、1961（昭和《しょうわ》36）年《ねん》に「湘南《しょうなん》レッド」と命名《めいめい》された。輪切《わぎ》りにすると赤《あか》い同心円《どうしんえん》の輪《わ》が現《あらわ》れる。

三浦《みうら》だいこん

三浦半島《みうらはんとう》で栽培《さいばい》され、冬《ふゆ》から春《はる》に収穫《しゅうかく》されるだいこん。根《ね》の中央《ちゅうおう》からすこし下《した》の部分《ぶぶん》がいちばん太《ふと》くなる。肉質《にくしつ》が緻密《ちみつ》で白《しろ》く、あまみがあり、煮《に》くずれしないので、おでんやふろふきだいこんに向《む》いている。

禅寺丸柿《ぜんじまるがき》

鎌倉時代初期《かまくらじだいしょき》に都筑郡《つづきぐん》柿生村字王禅寺《かきおむらあざおうぜんじ》（現《げん》在《ざい》の川崎市麻生区王《かわさきしあさおくおう》禅寺《ぜんじ》）で自生《じせい》していた古《ふる》い柿《かき》。江戸時代《えどじだい》には渋柿《しぶがき》として出荷《しゅっか》されていた。小《ちい》さくてあまみのある不完全甘柿《ふかんぜんあまがき》（1本《ぽん》の木《き》に甘柿《あまがき》と渋柿《しぶがき》の両方《りょうほう》がなる）。

大山菜《おおやまな》

県西部《けんせいぶ》にある伊勢原北《いせはらほく》部《ぶ》の大山《おおやま》の麓《ふもと》、子易《こやす》地区《ちく》で栽培《さいばい》されているからし菜《な》のなかま。

葉《は》が大《おお》きいので「おおっぱ」、または地名《ちめい》から「子易菜《こやすな》」ともよばれる。

万福寺《まんぷくじ》にんじん

川崎市麻生区万福寺周辺《かわさきしあさおくまんぷくじしゅうへん》で栽培《さいばい》されてきたにんじん。生長《せいちょう》すると60～80cmにもなる。一《いち》度《ど》すがたを消《け》したが、保存《ほぞん》してあった種《たね》をもとに、近年復活《きんねんふっかつ》した。

「鎌倉野菜《かまくらやさい》」の登場《とうじょう》

1998（平成《へいせい》10）年《ねん》ごろから、鎌倉市《かまくらし》、藤沢市周辺《ふじさわししゅうへん》で栽培《さいばい》している野菜《やさい》が「鎌《かま》倉野菜《くらやさい》」とよばれるようになりました。スーパーマーケットなどで販売《はんばい》されている野菜《やさい》よりも新鮮《しんせん》な季節《きせつ》の野菜《やさい》が手《て》に入《はい》るということで、近隣《きんりん》のイタリア料理《りょうり》やフランス料理《りょうり》のレストランで使《つか》われるようになったのです。鎌倉野菜《かまくらやさい》の種類《しゅるい》は西洋《せいよう》野菜《やさい》もあわせて100種以上《しゅいじょう》。いまでは東京《とうきょう》のレストラン関係者《かんけいしゃ》も購入《こうにゅう》におとずれるようにもなりました。

もっと知《し》りたい!

土《つち》が育《そだ》てる個性的《こせいてき》な伝統野菜《でんとうやさい》

伝統野菜《でんとうやさい》は、つくる土地《とち》の性質《せいしつ》によって、その形《かたち》をかえていきます。たとえば、だいこんの形《かたち》には、細《ほそ》くて長《なが》いものもあれば、ずんぐりと丸《まる》いものもあります。おなじだいこんなのに、個性的《こせいてき》な形《かたち》がうまれるのは、育《そだ》った土地《とち》の土《つち》のちがいにあります。

だいこんの形《かたち》は細長《ほそなが》い? それとも丸《まる》い?

東京《とうきょう》の**練馬《ねりま》だいこん**(→45ページ)は、太《ふと》くて長《なが》いのが特徴《とくちょう》です。これは、練馬《ねりま》だいこんが育《そだ》つ東京都《とうきょうと》の練馬《ねりま》のあたりが、火山灰《かざんばい》でおおわれた土地《とち》(関東《かんとう》ローム層《そう》)だからです。火山灰《かざんばい》がつもってできた土《つち》は、根《ね》が長《なが》くのびる植物《しょくぶつ》が育《そだ》ちやすい特徴《とくちょう》があります。そのため、太《ふと》くて長《なが》いだいこんに育《そだ》ちます。

一方《いっぽう》、京都《きょうと》の**聖護院《しょうごいん》だいこん**(→64ページ)は丸《まる》い形《かたち》が、大阪《おおさか》の**天満《てんま》だいこん**はちょっと短《みじか》い形《かたち》が特徴《とくちょう》です。近畿地方《きんきちほう》の土地《とち》は、つぶのこまかい粘土《ねんど》のような土《つち》で、耕土《こうど》があさく、土中《どちゅう》に深《ふか》く根をのばせないので、だんだんと丸《まる》くなっていったといわれています。

ほかにもその土地《とち》の土《つち》の特徴《とくちょう》によって、さまざまな形《かたち》のだいこんがうまれています。

その土地《とち》の環境《かんきょう》を生《い》かして育《そだ》った伝統野菜《でんとうやさい》いろいろ

伝統野菜《でんとうやさい》には、畑《はたけ》の土《つち》の特徴《とくちょう》だけでなく、畑《はたけ》そのものの環境《かんきょう》のちがいを生《い》かしてつくられているものも多《おお》くあります。

東京都《とうきょうと》の**うど**(→45ページ)は、関東《かんとう》ローム層《そう》が軟《なん》化室《かむろ》(光《ひかり》をあてずに完全《かんぜん》に白《しろ》く栽培《さいばい》するための部《へ》屋《や》)をほるのに適《てき》していたので、うどを栽培《さいばい》するのに向《む》いていました。

島根県《しまねけん》の**黒田《くろだ》せり**(→74ページ)は、せりが育《そだ》つ黒《くろ》田町《だちょう》に広《ひろ》がる肥沃《ひよく》な沼田《ぬまた》が、おいしいせりを育《そだ》てるといわれています。山《やま》からのわき水《みず》が、せりの栽培《さいばい》にあうやわらかい土《つち》をつくっているのです。

鳥取県《とっとりけん》の**砂丘《さきゅう》らっきょう**(→73ページ)は、日本海《にほんかい》ぞいの砂丘地《さきゅうち》で冬《ふゆ》の日本海《にほんかい》からふきつけるきびしい風《ふう》雪《せつ》にたえることで、色白《いろじろ》でかたくひきしまったらっきょうに育《そだ》ちます。

●各地方《かくちほう》の名物《めいぶつ》だいこんと土《つち》のちがい

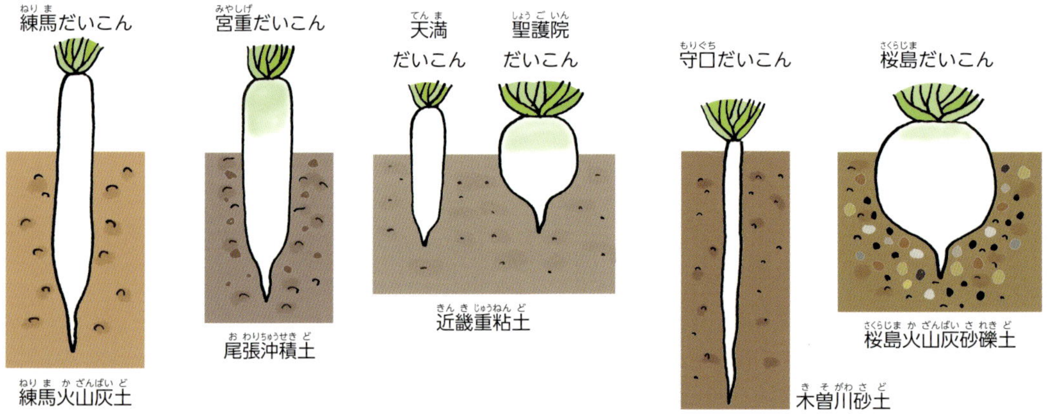
練馬《ねりま》だいこん
練馬火山灰土《ねりまかざんばいど》
宮重《みやしげ》だいこん
尾張沖積土《おわりちゅうせきど》
天満《てんま》だいこん
聖護院《しょうごいん》だいこん
近畿重粘土《きんきじゅうねんど》
守口《もりぐち》だいこん
木曽川砂土《きそがわさど》
桜島《さくらじま》だいこん
桜島火山灰砂礫土《さくらじまかざんばいされきど》

東京野菜《とうきょうやさい》の研究者《けんきゅうしゃ》である福井功氏《ふくいいさおし》による『東京都練馬地方《とうきょうとねりまちほう》における練馬《ねりま》ダイコンの成立《せいりつ》の過程《かてい》と変遷《へんせん》』(平成《へいせい》2年刊《ねんかん》 春陽歴《しゅんようれき》研社《けんしゃ》)に掲載《けいさい》された図《ず》を参考《さんこう》に作成《さくせい》(練馬区《ねりまく》HPより)。

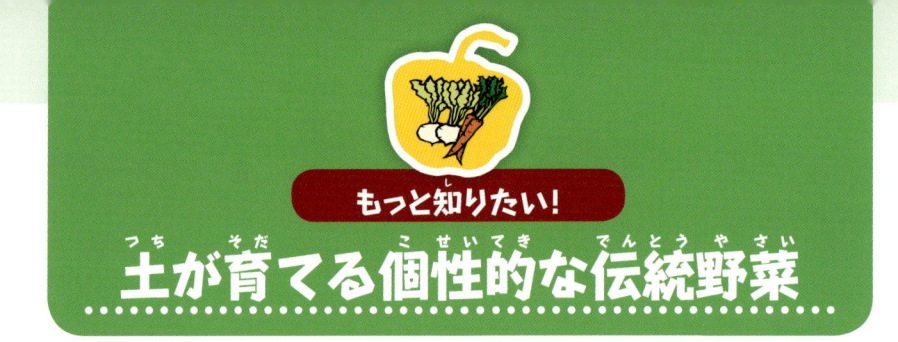

北陸《ほくりく》・中部《ちゅうぶ》地方《ちほう》

気候《きこう》・風土《ふうど》と農作物《のうさくぶつ》

新潟県《にいがたけん》
- 面積《めんせき》：12,584km²（全国《ぜんこく》5位《い》）
- 人口《じんこう》：231万人《まんにん》（全国《ぜんこく》15位《い》）
- 県花《けんか》：チューリップ
- 県鳥《けんちょう》：トキ

福井県《ふくいけん》
- 面積《めんせき》：4,190km²（全国《ぜんこく》34位《い》）
- 人口《じんこう》：79万人《まんにん》（全国《ぜんこく》43位《い》）
- 県花《けんか》：スイセン
- 県鳥《けんちょう》：ツグミ

山梨県《やまなしけん》
- 面積《めんせき》：4,465km²（全国《ぜんこく》32位《い》）
- 人口《じんこう》：84万人《まんにん》（全国《ぜんこく》41位《い》）
- 県花《けんか》：フジザクラ
- 県鳥《けんちょう》：ウグイス

富山県《とやまけん》
- 面積《めんせき》：4,248km²（全国《ぜんこく》33位《い》）
- 人口《じんこう》：107万人《まんにん》（全国《ぜんこく》37位《い》）
- 県花《けんか》：チューリップ
- 県鳥《けんちょう》：ライチョウ

石川県《いしかわけん》
- 面積《めんせき》：4,186km²（全国《ぜんこく》35位《い》）
- 人口《じんこう》：116万人《まんにん》（全国《ぜんこく》34位《い》）
- 県花《けんか》：クロユリ
- 県鳥《けんちょう》：イヌワシ

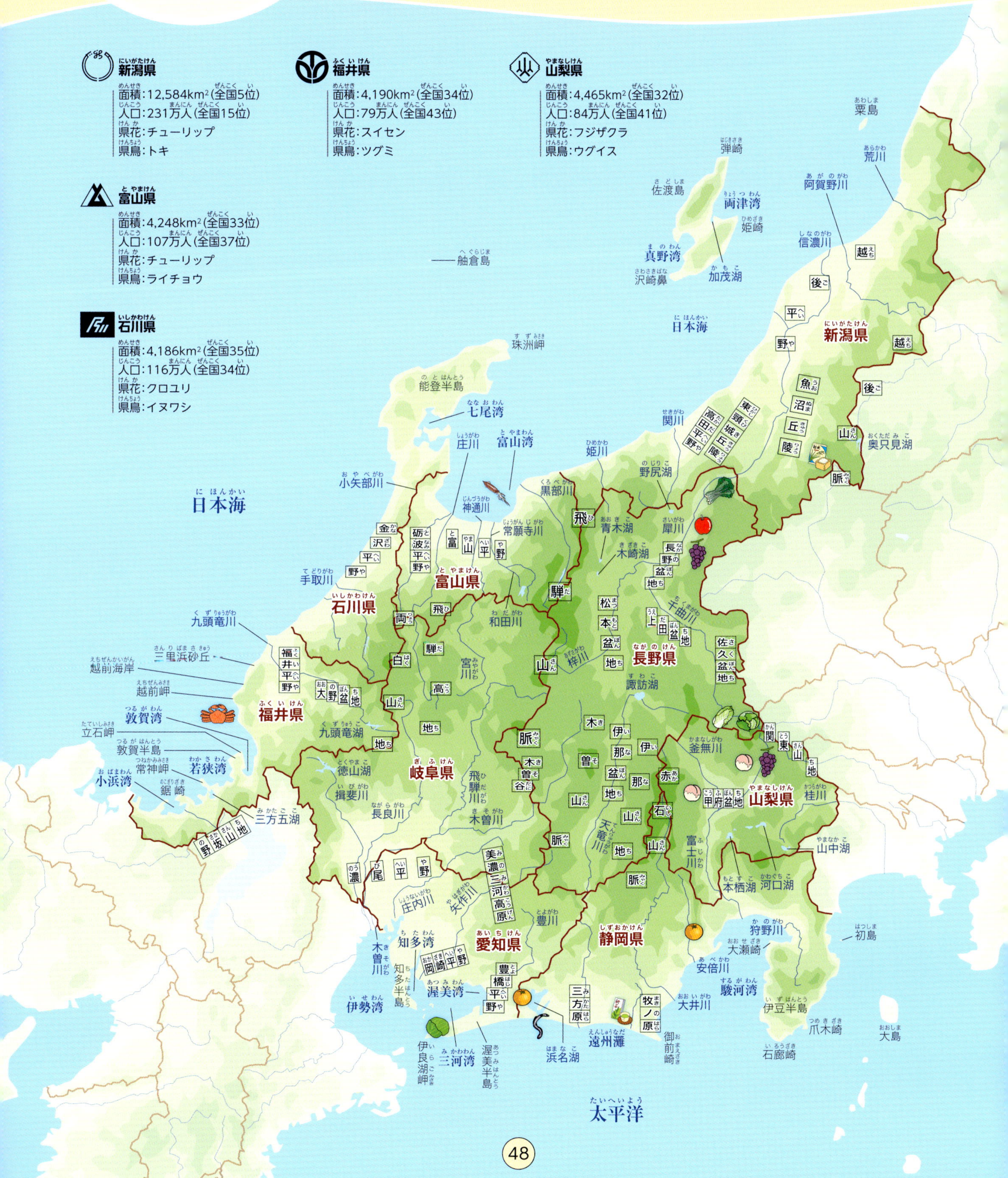

日本海《にほんかい》
舳倉島《へぐらじま》
佐渡島《さどしま》
弾崎《はじきざき》
両津湾《りょうつわん》
姫崎《ひめざき》
真野湾《まののわん》
沢崎鼻《さわさきばな》
加茂湖《かもこ》
粟島《あわしま》
荒川《あらかわ》
阿賀野川《あがのがわ》
信濃川《しなのがわ》
越後平野
新潟県《にいがたけん》
越後山脈
魚沼丘陵
東頸城丘陵
高田平野
関川《せきがわ》
奥只見湖《おくただみこ》
珠洲岬《すずみさき》
能登半島《のとはんとう》
七尾湾《ななおわん》
富山湾《とやまわん》
庄川《しょうがわ》
姫川《ひめかわ》
野尻湖《のじりこ》
小矢部川《おやべがわ》
黒部川《くろべがわ》
神通川《じんづうがわ》
常願寺川《じょうがんじがわ》
日本海《にほんかい》
金沢平野
砺波平野
富山平野
富山県《とやまけん》
飛騨山脈
青木湖《あおきこ》
木崎湖《きざきこ》
犀川《さいがわ》
長野盆地
千曲川《ちくまがわ》
手取川《てどりがわ》
石川県《いしかわけん》
九頭竜川《くずりゅうがわ》
両白山地
和田川《わだがわ》
飛騨高地
宮川《みやがわ》
梓川《あずさがわ》
松本盆地
上田盆地
佐久盆地
長野県《ながのけん》
諏訪湖《すわこ》
三里浜砂丘《さんりはまさきゅう》
越前海岸《えちぜんかいがん》
越前岬《えちぜんみさき》
福井平野
大野盆地
福井県《ふくいけん》
敦賀湾《つるがわん》
立石岬《たていしみさき》
敦賀半島《つるがはんとう》
九頭竜湖《くずりゅうこ》
常神岬《つねかみみさき》
若狭湾《わかさわん》
小浜湾《おばまわん》
鋸崎《のこぎりざき》
三方五湖《みかたごこ》
野坂山地
徳山湖《とくやまこ》
揖斐川《いびがわ》
岐阜県《ぎふけん》
飛騨川《ひだがわ》
長良川《ながらがわ》
木曽川《きそがわ》
木曽山脈
伊那盆地
赤石山脈
天竜川《てんりゅうがわ》
釜無川《かまなしがわ》
関東山地
甲府盆地
山梨県《やまなしけん》
桂川《かつらがわ》
山中湖《やまなかこ》
富士川《ふじかわ》
本栖湖《もとすこ》
河口湖《かわぐちこ》
濃尾平野
美濃三河高原
庄内川《しょうないがわ》
矢作川《やはぎがわ》
豊川《とよがわ》
静岡県《しずおかけん》
狩野川《かのがわ》
初島《はつしま》
大瀬崎《おおせざき》
木曽川《きそがわ》
知多湾《ちたわん》
岡崎平野
愛知県《あいちけん》
安倍川《あべかわ》
駿河湾《するがわん》
知多半島《ちたはんとう》
豊橋平野
伊勢湾《いせわん》
渥美湾《あつみわん》
三方原
牧ノ原
大井川《おおいがわ》
伊豆半島《いずはんとう》
爪木崎《つめきざき》
大島《おおしま》
伊良湖岬《いらごみさき》
三河湾《みかわわん》
渥美半島《あつみはんとう》
浜名湖《はまなこ》
遠州灘《えんしゅうなだ》
御前崎《おまえざき》
石廊崎《いろうざき》
太平洋《たいへいよう》

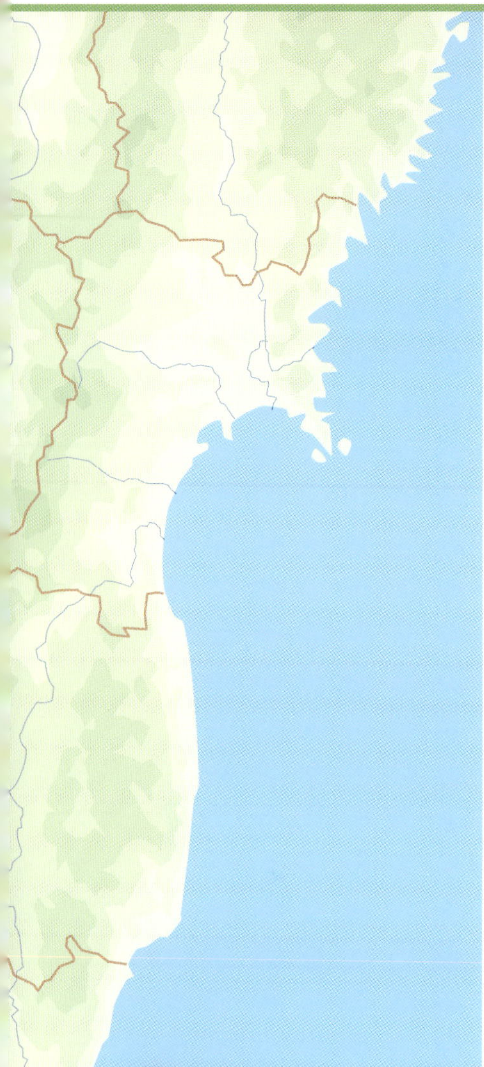

長野県《ながのけん》
面積《めんせき》：13,562km²（全国《ぜんこく》4位《い》）
人口《じんこう》：211万人《まんにん》（全国《ぜんこく》16位《い》）
県花《けんか》：リンドウ
県鳥《けんちょう》：ライチョウ

岐阜県《ぎふけん》
面積《めんせき》：10,621km²（全国《ぜんこく》7位《い》）
人口《じんこう》：204万人《まんにん》（全国《ぜんこく》17位《い》）
県花《けんか》：レンゲソウ
県鳥《けんちょう》：ライチョウ

静岡県《しずおかけん》
面積《めんせき》：7,779km²（全国《ぜんこく》13位《い》）
人口《じんこう》：371万人《まんにん》（全国《ぜんこく》10位《い》）
県花《けんか》：ツツジ
県鳥《けんちょう》：サンコウチョウ

愛知県《あいちけん》
面積《めんせき》：5,172km²（全国《ぜんこく》27位《い》）
人口《じんこう》：746万人《まんにん》（全国《ぜんこく》4位《い》）
県花《けんか》：カキツバタ
県鳥《けんちょう》：コノハズク

※人口《じんこう》は平成《へいせい》26年《ねん》10月《がつ》1日現在《ついたちげんざい》

レタス
はくさい
キャベツ
野沢菜《のざわな》
ぶどう
りんご
もも
みかん
米《こめ》
茶《ちゃ》
カニ
ホタルイカ
ウナギ

新潟県《にいがたけん》

本州《ほんしゅう》の日本海側《にほんかいがわ》のほぼ中央《ちゅうおう》に位置《いち》する新潟県《にいがたけん》は、日本海側気候《にほんかいがわきこう》で、冬《ふゆ》は日照時間《にっしょうじかん》が短《みじか》く降雪《こうせつ》が多《おお》い、夏《なつ》は日照時間《にっしょうじかん》が長《なが》く雨量《うりょう》がすくないという特徴《とくちょう》があります。米《こめ》どころとして知《し》られていますが、なすもいろいろな種類《しゅるい》を栽培《さいばい》しています。

耕地面積《こうちめんせき》の９割近《わりちか》くを水田《すいでん》がしめる新潟県《にいがたけん》では、稲作《いなさく》がさかんにおこなわれている。

富山県《とやまけん》

日本海側気候《にほんかいがわきこう》で、夏《なつ》は高温多湿《こうおんたしつ》、冬《ふゆ》には大雪《おおゆき》が降《ふ》り、年間降水量《ねんかんこうすいりょう》が多《おお》い地域《ちいき》です。3000m級《きゅう》の山《やま》やまが連《つら》なる立山連峰《たてやまれんぽう》や、日本一深《にほんいちふか》いＶ字《ブイじ》型《がた》の渓谷《けいこく》の黒部渓谷《くろべけいこく》があります。富《と》山平野《やまへいや》や砺波平野《となみへいや》、射水平野《いみずへいや》などは山岳地帯《さんがくちたい》から富山湾《とやまわん》へ注《そそ》ぐ片貝川《かたかいがわ》、小矢部川《おやべがわ》、庄川《しょうがわ》などの中流《ちゅうりゅう》に位置《いち》するので、土壌《どじょう》は肥沃《ひよく》で、水資源《みずしげん》も豊《ほう》富《ふ》です。

黒部川扇状地《くろべがわせんじょうち》に広《ひろ》がる水田《すいでん》。水田《すいでん》は、大量《たいりょう》の水《みず》を受《う》けとめる、いわば「大地《だいち》のダム」となっている。

石川県《いしかわけん》

日本海《にほんかい》につきでた能登地方《のとちほう》と、日《に》本海《ほんかい》に面《めん》して金沢平野《かなざわへいや》が広《ひろ》がる加賀《かが》地方《ちほう》に大《おお》きく分《わ》かれます。日本海《にほんかい》を流《なが》れる対馬暖流《つしまだんりゅう》の影響《えいきょう》で、どちらも野《や》菜《さい》の栽培《さいばい》に向《む》いています。加賀百万《かがひゃくまん》石《ごく》の城下町金沢《じょうかまちかなざわ》には、藩政時代《はんせいじだい》から受《う》けつがれた加賀野菜《かがやさい》が数多《かずおお》くのこっています。

能登地方《のとちほう》に安土桃山時代《あづちももやまじだい》から伝《つた》えられる「ころ柿《がき》」。干《ほ》し柿《がき》のことで、冬《ふゆ》の軒下《のきした》につるして天日《てんぴ》で乾燥《かんそう》させてつくる。

福井県《ふくいけん》

本州《ほんしゅう》の日本海側《にほんかいがわ》のほぼ中央《ちゅうおう》にある福井県《ふくいけん》は、北側《きたがわ》の嶺北地方《れいほくちほう》と南側《みなみがわ》の嶺南地方《れいなんちほう》に分《わ》けられます。嶺北《れいほく》は雪《ゆき》が多《おお》く、嶺南《れいなん》は雪《ゆき》の量《りょう》もそれほど多《おお》くありません。対馬暖流《つしまだんりゅう》の影響《えいきょう》を受《う》ける海岸地区《かいがんちく》は温暖《おんだん》です。

山《やま》やまにかこまれた盆地《ぼんち》に広《ひろ》がるさといも畑《ばたけ》。9月下旬《がつげじゅん》から12月《がつ》の降雪時《こうせつじ》まで収穫《しゅうかく》がつづく。

山梨県《やまなしけん》

北西《ほくせい》には赤石山脈《あかいしさんみゃく》が、北《きた》から東部《とうぶ》には八ヶ岳《やつがたけ》、雲取山《くもとりやま》などが、南《みなみ》には富士山《ふじさん》があります。内陸性《ないりくせい》の気候《きこう》で寒暖《かんだん》の差《さ》が大《おお》きいのが特徴《とくちょう》です。盆地《ぼんち》や八ヶ岳山麓《やつがたけさんろく》は日照時間《にっしょうじかん》が長《なが》く、北杜市《ほくとし》は日本一日照時間《にほんいちにっしょうじかん》が長《なが》い市《し》として知《し》られています。めぐまれた自然条件《しぜんじょうけん》を生《い》かして果実栽培《かじつさいばい》もさかんです。

山梨県《やまなしけん》は、日本初《にほんはつ》のワイナリーが誕生《たんじょう》したところ。ぶどう、ももなど、いまもさかんな果実《かじつ》の栽培《さいばい》はすでに江戸時代《えどじだい》からおこなわれていた。

長野県《ながのけん》

本州《ほんしゅう》の中央部《ちゅうおうぶ》に位置《いち》する長野県《ながのけん》は、自然《しぜん》にめぐまれた山岳地帯《さんがくちたい》です。農《のう》作物《さくぶつ》を栽培《さいばい》する平地《へいち》はすくないのですが、山《やま》の斜面《しゃめん》や扇状地《せんじょうち》を利用《りよう》して果《か》実《じつ》の栽培《さいばい》がおこなわれています。雨《う》量《りょう》がすくなく、昼夜《ちゅうや》の寒暖《かんだん》の差《さ》が大《おお》きい気候《きこう》は、果実《かじつ》の栽培《さいばい》に適《てき》しています。乾燥《かんそう》した空気《くうき》を生《い》かした野菜《やさい》などもつくられています。

かつては地元《じもと》の人《ひと》たちが食《た》べる地域的《ちいきてき》なつけもののひとつだった野沢菜《のざわな》づけ。信州《しんしゅう》におとずれるスキー客《きゃく》を通《つう》じて、全国的《ぜんこくてき》に広《ひろ》まったといわれている。

岐阜県《ぎふけん》

本州《ほんしゅう》のほぼ中央《ちゅうおう》に位置《いち》する岐阜県《ぎふけん》は、海《うみ》に面《めん》していない内陸県《ないりくけん》です。内陸気候《ないりくきこう》と日本海側気候《にほんかいがわきこう》の特性《とくせい》をもっている飛騨地方《ひだちほう》と、盆地《ぼんち》の特性《とくせい》をもつ美濃地方《みのちほう》が、それぞれの風土《ふうど》を生《い》かした伝統的《でんとうてき》な野菜《やさい》を栽培《さいばい》しています。飛騨高山《ひだたかやま》や白川郷《しらかわごう》の冬《ふゆ》は豪雪地《ごうせつち》帯《たい》となるので、冬《ふゆ》に向《む》けて野菜類《やさいるい》の保存《ほぞん》がくふうされています。

合掌《がっしょう》づくり集落《しゅうらく》で世界遺産《せかいいさん》にもなった白川郷《しらかわごう》（飛《ひ》騨地方《だちほう》）。冬《ふゆ》になると雪《ゆき》にとざされる。

静岡県《しずおかけん》

東西《とうざい》に長《なが》い海岸線《かいがんせん》をもつ静岡県《しずおかけん》は、全体的《ぜんたいてき》に海洋性気候《かいようせいきこう》で、一年《いちねん》を通《つう》じて温暖《おんだん》な気候《きこう》にめぐまれています。東《ひがし》の沿岸地区《えんがんちく》を中心《ちゅうしん》に、芽《め》キャベツやちんげんさい、セロリ、レタスなど、第《だい》二次世界大戦後《にじせかいたいせんご》に一般的《いっぱんてき》になった野《や》菜《さい》が多《おお》く栽培《さいばい》されています。

レタス栽培《さいばい》の適温《てきおん》は15〜22度《ど》といわれている。温暖《おんだん》な気候《きこう》の静岡県《しずおかけん》は、冬《ふゆ》レタスの主産地《しゅさんち》となっている。

愛知県《あいちけん》

伊勢湾《いせわん》と駿河湾《するがわん》に面《めん》している愛知県《あいちけん》は、木曽川《きそがわ》、矢作川《やはぎがわ》、豊川《とよがわ》など河川《かせん》も多《おお》く、水資源《みずしげん》にめぐまれた地域《ちいき》です。肥沃《ひよく》な土壌《どじょう》と地理的《ちりてき》にもめぐまれた環《かん》境《きょう》で、日本屈指《にほんくっし》の野菜《やさい》の産地《さんち》です。

とれたての野菜《やさい》がならぶ「やさい祭《まつ》り」が各地《かくち》でおこなわれている。

新《にい》潟《がた》県《けん》

新潟《にいがた》市《し》周辺《しゅうへん》は、なすの消費量《しょうひりょう》の多《おお》い地域《ちいき》といわれています。なすの種類《しゅるい》も多《おお》いですが、料理《りょうり》や加工《かこう》の種類《しゅるい》にもバリエーションがたくさんあります。新潟《にいがた》のなすの在来種《ざいらいしゅ》は、明治時代以来《めいじじだいいらい》、丸《まる》なすが多《おお》く、長《なが》なすの多《おお》くは昭和時代《しょうわじだい》に入《はい》ってから栽培《さいばい》されたものです。

黒埼茶豆《くろさきちゃまめ》

えだ豆《まめ》の一種《いっしゅ》。明治時代末期《めいじじだいまっき》に新潟県黒埼村小平方《にいがたけんくろさきむらこひらがた》(現在《げんざい》の新潟市《にいがたし》)の農家《のうか》が山形県《やまがたけん》の親戚《しんせき》から「だだ茶《ちゃ》豆《まめ》」(→35ページ)をもらったことから栽培《さいばい》が開始《かいし》されたといわれている。ゆであげたときの特有《とくゆう》の香《かお》りが特徴《とくちょう》。

女池菜《めいけな》

鳥屋野地区女池《とやのちくめいけ》を中心《ちゅうしん》に栽培《さいばい》されている新潟ではとう(茎)を食べる野菜を「とう菜《な》」といい、その一種《いっしゅ》。小松《こまつ》菜《な》のなかま。シャキシャキした食感《しょっかん》とぬめりが特徴《とくちょう》。

新潟《にいがた》の春《はる》を代表《だいひょう》する味覚《みかく》のひとつ。

十全《じゅうぜん》なす

皮《かわ》がうすく、肉質《にくしつ》がしまっているので、塩《しお》づけに向《む》いている。中蒲原郡《なかかんばらぐん》の村松町《むらまつまち》(旧十全村《きゅうじゅうぜんむら》、現在《げんざい》は五泉市《ごせんし》)の篤農家《とくのうか》(研究心《けんきゅうしん》に富《と》んだ農家《のうか》のこと)が入手《にゅうしゅ》した大《おお》阪泉州産《さかせんしゅうさん》の「泉州水《せんしゅうみず》なす」と在来種《ざいらいしゅ》を交配《こうはい》してつくられた。

長岡菜《ながおかな》

長岡地域《ながおかちいき》に明治初期《めいじしょき》に中国《ちゅうごく》からもちこまれた「体《たい》菜《さい》」と在来《ざいらい》の菜《な》(小松菜《こまつな》・野沢菜《のざわな》)を自然交雑《しぜんこうざつ》してつくられたつけ菜《な》のなかま。大正時代以降《たいしょうじだいいこう》「長岡菜《ながおかな》」の名前《なまえ》で全国《ぜんこく》に流通《りゅうつう》したといわれる。

巾着《きんちゃく》なす

長岡市中島地区《ながおかしなかじまちく》でうまれた大形《おおがた》の巾着《きんちゃく》なす(丸《まる》なす)。明治《めいじ》40年代《ねんだい》に現在《げんざい》の南蒲原郡田上町《みなみかんばらぐんたがみまち》の「亀田巾着《かめだきんちゃく》」の種《たね》を導入《どうにゅう》したのがはじまりといわれる。生産地《せいさんち》の「長岡巾着《ながおかきんちゃく》」の名《な》で販売《はんばい》されることもある。煮《に》くずれがないので煮《に》ものに向《む》いている。

なすへのこだわり

新潟《にいがた》は古《ふる》くからなすの産地《さんち》で、県民《けんみん》は日本一《にほんいち》なすを食《た》べているといわれています。"豊《ゆた》かな、なすの文化《ぶんか》"をほこり、なすの種類《しゅるい》も加工品《かこうひん》もたくさんあります。上《うえ》で紹介《しょうかい》した「十全《じゅうぜん》なす」、「巾着《きんちゃく》なす」以外《いがい》にも、先端《せんたん》がとがっている「鉛筆《えんぴつ》なす」や鉛筆《えんぴつ》なすと兄弟《きょうだい》の「久保《くぼ》なす」、昭和初期《しょうわしょき》から栽培《さいばい》されている「白《しろ》なす」、大《おお》きい焼《や》きなす用《よう》の「やきなす」、外皮《がいひ》が赤《あか》むらさき色《いろ》の丸《まる》い「一日市《ひといち》なす」など、形《かたち》も個性的《こせいてき》ななすが栽培《さいばい》されています。

かきのもと

新潟市《にいがたし》、燕市《つばめし》などがおもな産地《さんち》の食用菊《しょくようぎく》。下越地方《かえつちほう》では「かきのもと」、中越地方《ちゅうえつちほう》では「おもいのほか」とよばれている。ほろにがい味《あじ》とシャキシャキとした歯《は》ごたえが特徴《とくちょう》。

富《と》山《やま》県《けん》

冬《ふゆ》は雪深《ゆきぶか》くなる富山県《とやまけん》では、古《ふる》くから、かぶやだいこんなどの野菜《やさい》を多《おお》く栽培《さいばい》してきました。これらをつけものにすることで、収穫《しゅうかく》がすくなくなる冬《ふゆ》の保存食《ほぞんしょく》にしてきたのです。しぶ柿《がき》の「三社柿《さんじゃがき》」を寒風《かんぷう》にさらし、独特《どくとく》の製法《せいほう》でつくる干《ほ》し柿《がき》も有名《ゆうめい》です。

入善《にゅうぜん》スイカ

ピンク色《いろ》の果肉《かにく》。さわやかな香《かお》りとさくっとした食感《しょっかん》とあまみがある。

ラグビーボールのような形《かたち》をしている巨大《きょだい》なスイカ。重《おも》さは15～20kg、直径《ちょっけい》は30cm前後《ぜんご》で、長《なが》さが40cm前後《ぜんご》もある。1887（明治《めいじ》20）年《ねん》ごろ、アメリカから輸入《ゆにゅう》したうり科《か》のラットル・スネーク種《しゅ》をもとに改良《かいりょう》された。

平野《ひらの》だいこん

射水平野《いみずへいや》の黒《くろ》ボク土《ど》（肥沃《ひよく》な土《つち》）で栽培《さいばい》されているだいこん。直径《ちょっけい》が2.5cm前後《ぜんご》と細《ほそ》く、長《なが》さは40cmほど。肉質《にくしつ》はかたい。収穫《しゅうかく》してから寒風《かんぷう》にさらし、たくあん用《よう》のだいこんにする。

かもり

富山市周辺《とやましゅうへん》で古《ふる》くから栽《さい》培《ばい》されているとうがん（うり科《か》）の一種《いっしゅ》。濃緑色《のうりょくしょく》の外皮《がいひ》には、おしろいをはたいたようなあとが見《み》られる。丸形《まるがた》やりんご形《がた》、長《なが》だ円形《えんけい》など、いろいろな形《かたち》がある。

五箇山《ごかやま》かぶ

煮《に》ものにしても、それほどやわらかくならない。

県内《けんない》の五箇山地域《ごかやまちいき》で古《ふる》くから栽培《さいばい》されている、西洋種系《せいようしゅけい》の赤《あか》かぶの一種《いっしゅ》。長《なが》いものから扁平《へんぺい》なものまでさまざまな形《かたち》がある。肉質《にくしつ》はしまっている。つけものにするとあざやかな赤《あか》色《いろ》になる。

どっこ

高岡市周辺《たかおかししゅうへん》で明治時代《めいじじだい》には栽《さい》培《ばい》されていたきゅうり。長《なが》さは30cm前後《ぜんご》で太《ふと》さは7cm前《ぜん》後《ご》、重《おも》さは1kgほどにまでなる。果肉《かにく》が厚《あつ》く、日持《ひも》ちするので、明治時代《めいじじだい》のなかごろから遠洋漁業《えんようぎょぎょう》にもちこむ生野菜《なまやさい》として船《ふな》づみされていた。料《りょう》理《り》では、あんかけや、つめものなどに使《つか》われる。

石川県《いしかわけん》の「加賀太《かがふと》きゅうり」は、本《ほん》種《しゅ》が導入《どうにゅう》されて定着《ていちゃく》（→53ページ）。

銀泉《ぎんせん》まくわ

富山地域《とやまちいき》、砺波《となみ》地域《ちいき》で古《ふる》くから栽《さい》培《ばい》されているまくわうり。たわらのような形《かたち》で重《おも》さが400～600g。黄《き》色《いろ》い外皮《がいひ》には8～10条《じょう》の銀色《ぎんいろ》のたてじまがある。あまみがあるので、生《なま》でも食《た》べられる。

石《いし》川《かわ》県《けん》

石川県《いしかわけん》には「加賀百万石《かがひゃくまんごく》」で知《し》られる加賀藩《かがはん》がおかれていました。前《まえ》田家《だけ》の城下町《じょうかまち》だった金沢市《かなざわし》は、伝統的《でんとうてき》な文化《ぶんか》がのこるまちです。京《きょう》都《と》に近《ちか》いこともあり、食文化《しょくぶんか》も発展《はってん》していき、加賀百万石《かがひゃくまんごく》の地域《ちいき》ではぐくまれた特徴《とくちょう》ある野菜《やさい》が古《ふる》くから受《う》けつがれています。

打木赤皮甘栗《うつぎあかがわあまぐり》かぼちゃ

1933（昭和《しょうわ》8）年《ねん》に金沢市打木町《かなざわしうつぎまち》の篤農家《とくのうか》が福島県《ふくしまけん》からもちこんだ「赤皮栗《あかがわくり》（栗《くり》かぼちゃ）」を育成《いくせい》して栽培《さいばい》したかぼちゃ。第二次世界大戦《だいにじせかいたいせん》後《ご》、金沢市安原地区《かなざわしやすはらちく》での栽培《さいばい》が広《ひろ》まった。

へたむらさきなす

ぬかづけや、なすのそうめんかけなど、金沢《かなざわ》の郷土料理《きょうどりょうり》に使《つか》われる。

1889（明治《めいじ》22）年《ねん》ごろ、金沢市近郊《かなざわしきんこう》の有松地《ありまつち》区《く》で栽培《さいばい》されていた「小木《おぎ》」という系統《けいとう》からつくられたなす。へたの下《した》までむらさき色《いろ》で、皮《かわ》がうすくやわらかい肉質《にくしつ》が特徴《とくちょう》。

加賀野菜《かがやさい》

加賀百万石《かがひゃくまんごく》の地域《ちいき》で育《そだ》った特徴《とくちょう》のある野菜《やさい》を金沢《かなざわ》市農作物《しのうさくぶつ》ブランド協会《きょうかい》が「加賀野菜《かがやさい》」として認定《にんてい》しています。1945（昭和《しょうわ》20）年以前《ねんいぜん》から栽培《さいばい》され、現在《げんざい》もおもに金沢《かなざわ》で栽培《さいばい》されている野菜《やさい》のなかから、金時草《きんじそう》、せり、加賀《かが》れんこんなど、15品目《ひんもく》が認定《にんてい》されています。

加賀太《かがふと》きゅうり

金沢《かなざわ》の郷土料理《きょうどりょうり》「じぶ煮《に》」に向《む》いている。スープの具《ぐ》にもよい。

長《なが》さが20〜23cm、太《ふと》さが7〜10cm、重《おも》さが700g〜1kgにもなるずんぐりとした太《ふと》いきゅうり。金沢市《かなざわし》の砂《さ》丘地《きゅうち》・打木町《うつぎまち》や河北《かほく》郡高松町《ぐんたかまつまち》（現在《げんざい》はかほく市《し》）で栽培《さいばい》されている。肉厚《にくあつ》で肉質《にくしつ》がかたいので、煮《に》もの向《む》き。

加賀《かが》つる豆《まめ》

金沢《かなざわ》の花園地区《はなぞのちく》を中心《ちゅうしん》に栽培《さいばい》されている。収穫量《しゅうかくりょう》が多《おお》く、あほらしいほどたくさんとれるので地元《じもと》では「だら（北陸《ほくりく》では「あほ」のことを「だら」という）豆《まめ》」とよばれている。さやのなかの豆《まめ》が大《おお》きくなりすぎないうちに収穫《しゅうかく》して若《わか》いさやもいっしょに食《た》べる。

二塚《ふたつか》からしな

大正時代《たいしょうじだい》から金沢市二塚地《かなざわしふたつかち》区《く》を中心《ちゅうしん》に、米《こめ》づくりのあいだに自家用《じかよう》に栽培《さいばい》されていた野菜《やさい》。わさびににたからみがある。

冬場《ふゆば》から早春《そうしゅん》にかけて、食卓《しょくたく》にかかせない野菜《やさい》として重宝《ちょうほう》されている。

加賀《かが》れんこん

加賀藩《かがはん》5代藩主《だいはんしゅ》・前《まえ》田綱紀《だつなのり》が参勤交代《さんきんこうたい》のときに美濃《みの》からもちかえって金沢城内《かなざわじょうない》に植《う》えたのがはじまりといわれる。太《ふと》く、肉厚《にくあつ》ででんぷん質《しつ》が多《おお》く、もっちりとした食感《しょっかん》が特徴《とくちょう》。

福井県《ふくいけん》

福井県《ふくいけん》は米《こめ》どころでもあり、コシヒカリは福井県農業試験場《ふくいけんのうぎょうしけんじょう》で育成《いくせい》された品種《ひんしゅ》です。一方《いっぽう》、大《おお》きな畑地《はたち》はすくないのですが、かぶを中心《ちゅうしん》にした伝統《でんとう》野菜《やさい》があります。花《はな》らっきょうは、らっきょうの最高級《さいこうきゅう》といわれ、甘酢《あまず》づけやしょうゆづけ以外《いがい》にも、ワインづけ、キムチづけなども登場《とうじょう》しています。

谷田部《やたべ》ねぎ

小浜市《おばまし》の南川上流《みなみがわじょうりゅう》の谷田部集落《やたべしゅうらく》で栽培《さいばい》されているねぎ。福井《ふくい》は5世紀《せいき》ごろから京都《きょうと》とのつながりが深《ふか》く、京《きょう》都《と》の九条《くじょう》ねぎ（→64ページ）とにているところから、京都《きょうと》からもちこまれたと考《かんが》えられている。鍋《なべ》ものなどにあう。

勝山水菜《かつやまみずな》

明治時代《めいじじだい》からおもに勝山市《かつやまし》で栽培《さいばい》されている京水菜《きょうみずな》のなかま。アクがすくなくみずみずしいこと、畝《うね》のあいだに水《みず》を流《なが》して栽培《さいばい》することなどから「水菜《みずな》」と名《な》がついた。

市内《しない》で栽培《さいばい》している集落《しゅうらく》ごとに「北市《きたいち》水菜《みずな》」「さんまい水《みず》菜《な》」「平泉寺水菜《へいせんじみずな》」ともいわれる。

河内赤《こうちあか》かぶ

標高《ひょうこう》300～400mの福井市《ふくいし》美山地区《みやまちく》の河内集落《こうちしゅうらく》で栽培《さいばい》されている、あざやかな紅《べに》色《いろ》のかぶ。平家《へいけ》の落人《おちゅうど》と関《かん》係《けい》のある人《ひと》が栽培《さいばい》を始《はじ》めたといわれる。形《かたち》はふくよかな球体《きゅうたい》や扁平《へんぺい》の球体《きゅうたい》などさまざま。肉質《にくしつ》はややかたく、ほろにがさとあまみがミックスした山菜独特《さんさいどくとく》の風味《ふうみ》をもつ。

聖徳太子《しょうとくたいし》によって奈良県《ならけん》から岐阜県《ぎふけん》をへて、さらに福井県《ふくいけん》の大野市《おおのし》をへて美《み》山地区《やまちく》へ入《はい》ったともいわれている。

花《はな》らっきょう

明治初期《めいじしょき》、三国町黒目《みくにちょうくろめ》（現在《げんざい》は坂井市《さかいし》）の漁網《ぎょもう》をあつかうテグス商人《しょうにん》によって和歌山県《わかやまけん》からもちこまれたのがはじまりといわれる。名前《なまえ》の由来《ゆらい》は、小玉《こだま》のハナ（両《りょう》端《たん》）を切《き》りとるからという説《せつ》と、びんにつめたときに白《しろ》い花《はな》のように見《み》えるからという説《せつ》がある。

「足《あし》かけ3年《ねん》」の月日《つきひ》をかけて、三里浜《さんりはま》の砂地《すなち》でつくられている。

大野《おおの》さといも

古《ふる》くから奥越地方《おくえつちほう》の大野市《おおのし》、勝《かつ》山市《やまし》を中心《ちゅうしん》に栽培《さいばい》されている。①豪雪地帯《ごうせつちたい》で冬《ふゆ》をこす食品《しょくひん》が必《ひつ》要《よう》だった、②川《かわ》が氾濫《はんらん》するので水稲《すいとう》に向《む》かない、③土壌《どじょう》と気候《きこう》がさといもの栽培《さいばい》にあっていた、などの理由《りゆう》で、定着《ていちゃく》したともいわれる。

とみつ金時《きんとき》

県北部《けんほくぶ》にあるあわら市《し》の海《うみ》ぞいに面《めん》した富津地区《ふっつちく》でつくられているさつまいも。あまみが強《つよ》く、適度《てきど》な水分《すいぶん》がつまっているのが特徴《とくちょう》。

山梨県《やまなしけん》

果実《かじつ》の栽培《さいばい》にも適《てき》している山梨県《やまなしけん》では、江戸時代《えどじだい》からももなどの栽培《さいばい》をおこなってきました。大正時代《たいしょうじだい》にはすももの栽培《さいばい》も本格的《ほんかくてき》に始《はじ》まり、いまでは生産量《せいさんりょう》が日本一《にほんいち》になっています。ぶどう栽培《さいばい》の歴史《れきし》も古《ふる》く、江戸時代《えどじだい》には栽培《さいばい》が本格的《ほんかくてき》になり、「甲州《こうしゅう》ぶどう」の名《な》が広《ひろ》がりました。

鳴沢菜《なるさわな》

富士山山麓《ふじさんさんろく》の標高《ひょうこう》約《やく》900mの高原《こうげん》にある鳴沢村《なるさわむら》で、江戸時代《えどじだい》から栽培《さいばい》されているからし菜《な》の一種《いっしゅ》。葉《は》は大《おお》きく濃緑色《のうりょくしょく》で根《ね》は円錐形《えんすいけい》。冬《ふゆ》は野菜《やさい》が不足《ふそく》するので葉《は》を乾燥《かんそう》させ、根《ね》を切《き》り干《ぼ》しにして貯蔵《ちょぞう》する。

あけぼの大豆《だいず》

南《みなみ》アルプス市《し》の曙地区《あけぼのちく》で栽培《さいばい》されている白大豆《しろだいず》の一種《いっしゅ》。明治時代《めいじじだい》に関西地方《かんさいちほう》から導入《どうにゅう》されたといわれている。10つぶならべると6寸《すん》（18cmくらい）になることから、「十六寸《とうろくすん》」という名《な》がついた。

大塚《おおつか》にんじん

市川三郷町《いちかわみさとちょう》の大塚地区《おおつかちく》だけでつくられているにんじん火《か》山灰土《ざんばいど》のまざった肥沃《ひよく》な土壌《どじょう》が。にんじんなどの根菜類《こんさいるい》の栽培《さいばい》に向《む》く。こくあざやかな紅色《べにいろ》で、風味《ふうみ》とあまみがこく、1mにもなる長《なが》さが特徴《とくちょう》。

大塚地区《おおつかちく》では、肥沃《ひよく》できめがこまかい土《つち》のことを「のっぷい」とよび、地域《ちいき》の宝《たから》となっている。

すもも

プラムともいわれるすももは、大正時代《たいしょうじだい》から、現在《げんざい》の南《みなみ》アルプス市《し》を中心《ちゅうしん》に栽培《さいばい》が始《はじ》まり、県全域《ぜんいき》に広《ひろ》がった。いまでは生産《せいさん》量《りょう》日本一《にほんいち》。生《なま》で食《た》べるのほか、ジャムなどにも加工《かこう》する。

品種《ひんしゅ》には「花《はな》の見頃《みごろ》」「大石早生《おおいしわせ》」「サンタクロース」「ソルダム」「貴陽《きよう》」「太陽《たいよう》」などがある。

やはたいも

郷土料理《きょうどりょうり》ののっぺい汁《じる》（けんちん汁《じる》）にはかかせない食材《しょくざい》。

甲斐市八幡地区《かいしやはたちく》で江戸時代《えどじだい》から栽培《さいばい》されているさといも。八幡地区《やはたちく》では、釜無川《かまなしがわ》のはんらんによって堆積《たいせき》した肥《ひ》沃《よく》な砂質土壌《さしつどじょう》のおかげで、良質《りょうしつ》なさといもが生産《せいさん》されてきた。

むかしながらの甲州《こうしゅう》もろこし

甲州《こうしゅう》もろこしは、あまみのあるアメリカうまれのスイートコーンとちがい、乾燥《かんそう》したとうもろこしの種子《しゅし》を粉《こな》にし、食用《しょくよう》とするフリントコーン（顆粒種《かりゅうしゅ》）です。富士山麓《ふじさんろく》の高原地域《こうげんちいき》は標高《ひょうこう》が高《たか》く冷涼《れいりょう》であり、かつては稲作《いなさく》ができず、じゃがいもやとうもろこし、あわ、きびなどを主食《しゅしょく》としていました。この地《ち》は日本在来《にほんざいらい》のとうもろこしの主産地《しゅさんち》として知《し》られていて、1861（文久元《ぶんきゅうがん》）年《ねん》ころにはすでに栽培《さいばい》していたと考《かんが》えられています。

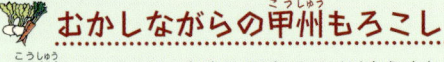

長《なが》野《の》県《けん》

長野県《ながのけん》は、すずしく乾燥《かんそう》した空気《くうき》を生《い》かし、りんご、そば、高原野《こうげんや》菜《さい》、寒天《かんてん》、凍《こお》りどうふなどをつくり、県《けん》の経済《けいざい》をささえています。冬《ふゆ》のあいだは雪《ゆき》が多《おお》く、寒《さむ》さで外出《がいしゅつ》することが困難《こんなん》なことが多《おお》いので、つけものや佃煮《つくだに》など保存《ほぞん》できる食品《しょくひん》をつくる知恵《ちえ》がうまれています。

王滝《おうたき》かぶ

山岳地帯《さんがくちたい》の王滝村《おうたきむら》で栽培《さいばい》されている赤《あか》かぶのなかま。江《え》戸時代《どじだい》には信州《しんしゅう》から名古屋藩《なごやはん》へ年貢《ねんぐ》としてさしだされたという記録《きろく》がのこっている。球形《きゅうけい》と細長《ほそなが》い円形《えんけい》のものがあり、つけものとして利用《りよう》するほか、煮《に》ものにも使《つか》う。

小布施《おぶせ》なす

明治時代《めいじじだい》から上高井郡《かみたかいぐん》小布施地区《おぶせちく》で栽培《さいばい》されていた丸《まる》なす。大正時代《たいしょうじだい》に北信州地方《きたしんしゅうちほう》へ広《ひろ》く普及《ふきゅう》した。比較的大《ひかくてきおお》きい果実《かじつ》はしまりがあり、煮《に》くずれしにくいので、この地域《ちいき》の郷土食《きょうどしょく》「おやき」の具《ぐ》にも使《つか》われる。

野沢菜《のざわな》

葉《は》を塩《しお》づけにしたつけものの「野沢菜《のざわな》づけ」(→21ページ)は全国的《ぜんこくてき》に知《し》られている。

野沢温泉村《のざわおんせんむら》が原産《げんさん》のつけ菜《な》。宝暦年間《ほうれきねんかん》(1751〜1764年《ねん》)に同村《どうそん》の健命寺《けんめいじ》の和尚《おしょう》が京都《きょうと》からもってきた天王《てんのう》寺《じ》かぶの種《たね》を栽培《さいばい》したのがはじまりといわれる。いまでも健命寺《けんめいじ》の一画《いっかく》で栽培《さいばい》していて、一部《いちぶ》の種子《しゅし》は「寺種《てらしゅ》」とよばれ流通《りゅうつう》している。

松本一本《まつもといっぽん》ねぎ

馬肉《ばにく》を使《つか》った郷土料理《きょうどりょうり》の「桜《さくら》鍋《なべ》」にかかせない食材《しょくざい》。

松本市岡田地区《まつもとしおかだちく》で江戸時代《えどじだい》から栽培《さいばい》されていたねぎ。当時《とうじ》は関東地方《かんとうちほう》や中京地方《ちゅうきょうちほう》への贈答品《ぞうとうひん》としてもちいられていたといわれる。長《なが》さが90cm以上《いじょう》あり、白《しろ》い部分《ぶぶん》が40cm前後《ぜんご》のところでまがっている。やわらかく、あまみの強《つよ》いねぎ。

赤根《あかね》だいこん

木曽山脈《きそさんみゃく》の南端《なんたん》に位置《いち》する下伊那郡阿智村《しもいなぐんあちむら》で栽培《さいばい》されている赤《あか》かぶのなかま。根《ね》はふつうのだいこんよりは短《みじか》く、全体《ぜんたい》に赤色《あかいろ》をしている。おもに酢《す》づけにして食《た》べる。

戸隠地《とがくしじ》だいこん

北信濃《きたしなの》の戸隠村《とがくしむら》(現在《げんざい》は長野市《ながのし》)で栽培《さいばい》されるだいこんのなかま。適度《てきど》なからさがあり、戸隠名物《とがくしめいぶつ》のそばのつゆに入《い》れるおろしだいこんとして人気《にんき》がある。つけものにも向《む》く。

さまざまなだいこん

長野県《ながのけん》は地《じ》だいこんの宝庫《ほうこ》です。戸隠地《とがくしじ》だいこん以外《いがい》にも、下《した》がふくれてねずみの形《かたち》ににている「ねずみだいこん」(→13ページ)や、形《かたち》はかぶににているのにからみが強《つよ》い「親田《おやだ》辛味だいこん」、小《ち》さく表皮《ひょうひ》が赤《あか》い「たたらだいこん」など、さまざまなだいこんが栽培《さいばい》されています。

岐《ぎ》阜《ふ》県《けん》

飛騨地方《ひだちほう》と美濃地方《みのちほう》で、それぞれの風土《ふうど》を生《い》かした伝統野菜《でんとうやさい》が栽培《さいばい》されてきました。夏《なつ》が比較的すずしい飛騨地方《ひだちほう》では、夏秋《なつあき》トマトや夏《なつ》ほうれんそう、夏《なつ》だいこんなどの夏野菜《なつやさい》が栽培《さいばい》される一方《いっぽう》、美濃地域《みのちいき》では、冬《ふゆ》春《はる》トマト、冬春《ふゆはる》ほうれんそう、小松菜《こまつな》などの冬野菜《ふゆやさい》が栽培《さいばい》されています。

真桑《まくわ》うり

12世紀《せいき》ごろから真桑《まくわ》村《むら》（現在《げんざい》の本巣市《もとすし》）でつくられていたうり。その歴史は古く、織田信長《おだのぶなが》が朝廷《ちょうてい》に献《けん》上《じょう》したり、松尾芭蕉《まつおばしょう》がこれを題材《だいざい》に俳句《はいく》をよんだりしたことでも知《し》られている。

明治時代《めいじじだい》にはメロンのように売《う》られていた。

秋縞《あきしま》ささげ

丹生川村《にゅうがわむら》（現在《げんざい》は高《たか》山市《やまし》）を中心《ちゅうしん》に古《ふる》くから栽培《さいばい》されている飛騨地方《ひだちほう》の特産品《とくさんひん》。さやに独特《どくとく》のこい紺《こん》色《いろ》のもようがあるが、湯通《ゆどお》しするとあざやかな緑色《みどりいろ》になるので「湯上《ゆあ》がり美人《びじん》」ともよばれる。

守口《もりぐち》だいこん

まるで細長《ほそなが》いごぼうのようなだいこん。

根《ね》が2mにもなるだいこんのなかま。大阪《おおさか》の摂津守口《せっつもりぐち》で栽培《さいばい》されていたのでこの名《な》がついた。現在《げんざい》は、岐阜市周辺《ぎふししゅうへん》と愛知県扶桑《あいちけんふそう》町山那《ちょうやまな》の木曽川流域《きそがわりゅういき》だけで栽培《さいばい》されている。粕《かす》づけに使《つか》われる。

菊《きく》ごぼう

1862（文久《ぶんきゅう》2）年《ねん》に恵那郡本郷《えなぐんほんごう》（現在《げんざい》の恵那市《えなし》岩村町《いわむらちょう》）の山中《さんちゅう》で発見《はっけん》され、明治《めいじ》になってから本《ほん》格的《かくてき》に栽培《さいばい》された。ごぼうではなく「もりあざみ」の栽培品種《さいばいひんしゅ》だが、切《き》り口《くち》が菊《きく》の花《はな》ににているので「菊《きく》ごぼう」の名前《なまえ》がついた。

飛騨一本太《ひだいっぽんふと》ねぎ

飛騨地方《ひだちほう》で古《ふる》くから栽培《さいばい》されている。肉質《にくしつ》がやわらかくあまみがある。飛騨地方《ひだちほう》では「一《いち》年《ねん》の労《ろう》をねぎらう」という意味《いみ》で「一《いち》」と「ねぎ」にあやかり、暮《く》れにお世話《せわ》になった人《ひと》におくる習慣《しゅうかん》がある。

飛騨紅《ひだべに》かぶ

このかぶのつけものは、飛騨高山《ひだたかやま》の名物《めいぶつ》。

1918（大正《たいしょう》7）年《ねん》に赤《あか》むらさき色《いろ》の「八賀《はちが》かぶ」から突然変異《とつぜんへんい》でうまれた。標《ひょう》高《こう》500～600mの高地《こうち》で栽《さい》培《ばい》されている。赤色《あかいろ》の根《ね》はやや扁平《へんぺい》な円形《えんけい》で、直径《ちょっけい》が12～14cmになる。

静岡県《しずおかけん》

一年《いちねん》を通《つう》じて温暖《おんだん》な気候《きこう》なので、果実《かじつ》や野菜《やさい》のハウス栽培《さいばい》が導入《どうにゅう》されるまでは、露地栽培《ろじさいばい》のいちごやみかんの生産地《せいさんち》としても有名《ゆうめい》でした。また、わさび栽培《さいばい》の発祥地《はっしょうち》でもあり、豊《ゆた》かで清《きよ》らかな水《みず》がはぐくむわさびは風味《ふうみ》が豊《ゆた》かで品質《ひんしつ》も高《たか》く、日本一《にほんいち》の生産量《せいさんりょう》をほこります。

わさび

古《ふる》くから富士山麓《ふじさんろく》や伊豆《いず》の清流《せいりゅう》で栽培《さいばい》されている。慶長年間《けいちょうねんかん》（1596～1615年《ねん》）に安倍川上流《あべかわじょうりゅう》で栽培《さいばい》が始《はじ》まり、その後《ご》、富士山麓《ふじさんろく》などへ広《ひろ》まっていった。山間地《さんかんち》の斜面《しゃめん》を利用《りよう》して、水《みず》のなかで育《そだ》てている。

古《ふる》くから栽培《さいばい》されているので伝統野《でんとうや》菜《さい》としての価値《かち》があるが、野菜《やさい》としての特徴《とくちょう》が強《つよ》く感《かん》じられないためか、伝統野菜《でんとうやさい》には登録《とうろく》されていない。

石垣《いしがき》いちご

傾斜地《けいしゃち》を利用《りよう》して石垣《いしがき》を組《く》み、栽培《さいばい》されているいちごの総《そう》称《しょう》。この栽培方法《さいばいほうほう》は、1896（明治《めいじ》29）年《ねん》ごろから始《はじ》まった。やや長《なが》い形《かたち》で、酸味《さんみ》がすくなく、糖度《とうど》が高《たか》い。

芽《め》キャベツ

生産量日本一《せいさんりょうにほんいち》のキャベツのなかま。掛川市《かけがわし》、浜松市《はままつし》などで地野菜《じやさい》として栽培《さいばい》されている。1mくらいの茎《くき》にそって、直径《ちょっけい》2～3cmくらいの球形《きゅうけい》の「わき芽《め》」がびっしりついている。一株《ひとかぶ》から60～70芽《め》とれるものもある。

アクが強《つよ》いので、加熱《かねつ》して食《た》べる。

土肥白《といしろ》びわ

「幻《まぼろし》のびわ」といわれている静岡県《しずおかけん》の特産品《とくさんひん》。1877（明治《めいじ》10）年《ねん》に、県令《けんれい》の大迫貞清《おおさこさだきよ》が中国《ちゅうごく》からみやげとしてもちかえったびわの種《たね》を土肥《とい》の村長《そんちょう》の庭《にわ》に植《う》えた。それから9年《ねん》後《ご》、実《み》がなったので、村《むら》じゅうへ配《くば》り、土肥《とい》でびわの栽培《さいばい》が始《はじ》まったといわれる。みずみずしく、あまみがこいのが特徴《とくちょう》。

折戸《おりど》なす

古《ふる》くから三保《みほ》の折《おり》戸地区《どちく》（現在《げんざい》の静《しず》岡市清水区《おかししみずく》）で栽《さい》培《ばい》されている小形《こがた》の丸《まる》なす。肉質《にくしつ》がしっかりしていて煮《に》くずれしないのが特徴《とくちょう》。

葉《は》しょうが

1975（昭和《しょうわ》50）年《ねん》ごろから葉《は》ねぎや石垣《いしがき》いちごの二毛作《にもうさく》の前作《ぜんさく》として導入《どうにゅう》された。県南部《けんなんぶ》の海岸地帯《かいがんちたい》の砂地《すなち》でハウス栽培《さいばい》がおこなわれている。根茎《こんけい》が小指《こゆび》ほどに生長《せいちょう》した葉《は》をつけたまま集荷《しゅうか》する。しょうが本来《ほんらい》の風味《ふうみ》にくわえてあまみがある。

愛知県《あいちけん》

愛知県《あいちけん》は日本屈指《にほんくっし》の野菜産地《やさいさんち》で、伝統野菜《でんとうやさい》も豊富《ほうふ》です。なかでも尾張藩《おわりはん》の城下町《じょうかまち》として発展《はってん》し、大消費地《だいしょうひち》であった名古屋市《なごやし》は交通《こうつう》の要所《ようしょ》だったこともあり、各地《かくち》の産物《さんぶつ》、種《たね》や苗《なえ》を入手《にゅうしゅ》。温暖《おんだん》な気候《きこう》とあいまって、江戸時代《えどじだい》から野菜《やさい》の栽培《さいばい》をさかんにおこなっていました。

宮重《みやしげ》だいこん

春日町宮重地区《はるひちょうみやしげちく》で江戸時代《えどじだい》から栽培《さいばい》されているだいこん。青首《あおくび》だいこん（首《くび》のところが青《あお》くなるのが特徴《とくちょう》）のルーツ。青首《あおくび》の根《ね》の長《なが》さは40〜45cmで、先端《せんたん》は丸《まる》くなで肩《がた》。あまみがあり、煮《に》ものや切《き》り干《ぼ》しだいこん、つけものに利用《りよう》される。

「あいちの伝統野菜《でんとうやさい》」

ここで紹介《しょうかい》した野菜以外《やさいいがい》にも愛知県《あいちけん》で50年以上前《ねんいじょうまえ》から栽培《さいばい》され、現在《げんざい》も種《たね》や苗《なえ》が手《て》に入《はい》るものはたくさんあります。「方領《ほうりょう》だいこん」、「守口《もりぐち》だいこん」、「八事五寸人参《やごとごすんにんじん》」、「碧南鮮紅五寸《へきなんせんこうごすん》にんじん」、「木之山五寸《このやまごすん》にんじん」、「八名丸《やなまる》さといも」、「愛知本長《あいちほんなが》なす」、「青大《あおだい》きゅうり」など35品種《ひんしゅ》の野菜《やさい》が「あいちの伝統野菜《でんとうやさい》」として指定《してい》されています。

金俵《きんぴょう》まくわ

香《かお》りがいいので、デザートに利用《りよう》されている。

1885（明治《めいじ》18）年《ねん》に愛知県植物園《あいちけんしょくぶつえん》が導入《どうにゅう》した「なしうり」から分《わ》かれた系統《けいとう》。いくつかの系統《けいとう》のなかから1945（昭和《しょうわ》20）年《ねん》に「金俵《きんぴょう》」が選《えら》ばれ、育成《いくせい》された。江南市《こうなんし》や安城市周辺《あんじょうししゅうへん》で栽培《さいばい》されている。皮《かわ》が濃黄色《のうおうしょく》のたわら形《がた》。白《しろ》い果肉《かにく》はあまい。

愛知《あいち》ちりめんかぼちゃ

大治町砂子地区《おおはるちょうすなごちく》で1932（昭和《しょうわ》7）年《ねん》ごろから栽培《さいばい》されている日本《にほん》かぼちゃの代表的《だいひょうてき》な品種《ひんしゅ》。大形《おおがた》で、1個《こ》あたり2.5kg。外皮《がいひ》に独特《どくとく》のゴツゴツとしたひだがある。濃黄色《のうおうしょく》の果肉《かにく》はしっかりしていて、煮《に》ものに向《む》いている。

餅菜《もちな》（正月菜《しょうがつな》）

明治時代《めいじじだい》から栽培《さいばい》されている青菜《あおな》。小松菜《こまつな》ににているが、それに近《ちか》い在来《ざいらい》の葉類《はるい》。年末《ねんまつ》だけ小松菜《こまつな》にかわって店頭《てんとう》にならぶことが多《おお》いといわれる。尾張地方《おわりちほう》の雑煮《ぞうに》にはかかせない野菜《やさい》。

ファースト・トマト

1935（昭和《しょうわ》10）年前後《ねんぜんご》に豊橋市《とよはしし》で温室用《おんしつよう》の栽培品種《さいばいひんしゅ》として開発《かいはつ》されたトマト。あまみと酸味《さんみ》が強《つよ》く、みずみずしさが特徴《とくちょう》。

愛知早生《あいちわせ》ふき

知多半島《ちたはんとう》でふきの栽培《さいばい》が始《はじ》められたのは1902（明治《めいじ》35）年《ねん》。現在《げんざい》は東海市《とうかいし》、知多市《ちたし》を中心《ちゅうしん》に促成栽培《そくせいさいばい》がおこなわれている。香《かお》りがよく、煮《に》ものに使《つか》われる。

近畿地方《きんきちほう》 気候《きこう》・風土《ふうど》と農作物《のうさくぶつ》

三重県《みえけん》
面積《めんせき》:5,774km^2(全国《ぜんこく》25位《い》)
人口《じんこう》:183万人《まんにん》(全国《ぜんこく》22位《い》)
県花《けんか》:ハナショウブ
県鳥《けんちょう》:シロチドリ

滋賀県《しがけん》
面積《めんせき》:4,017km^2(全国《ぜんこく》38位《い》)
人口《じんこう》:142万人《まんにん》(全国《ぜんこく》26位《い》)
県花《けんか》:シャクナゲ
県鳥《けんちょう》:カイツブリ

京都府《きょうとふ》
面積《めんせき》:4,612km^2(全国《ぜんこく》31位《い》)
人口《じんこう》:261万人《まんにん》(全国《ぜんこく》13位《い》)
府花《ふか》:シダレザクラ
府鳥《ふちょう》:オオミズナギドリ

大阪府《おおさかふ》
面積《めんせき》:1,905km^2(全国《ぜんこく》46位《い》)
人口《じんこう》:884万人《まんにん》(全国《ぜんこく》3位《い》)
府花《ふか》:サクラソウ・ウメ
府鳥《ふちょう》:モズ

兵庫県《ひょうごけん》
面積《めんせき》:8,401km^2(全国《ぜんこく》12位《い》)
人口《じんこう》:554万人《まんにん》(全国《ぜんこく》7位《い》)
県花《けんか》:ノジギク
県鳥《けんちょう》:コウノトリ

奈良県《ならけん》
面積《めんせき》:3,691km^2(全国《ぜんこく》40位《い》)
人口《じんこう》:138万人《まんにん》(全国《ぜんこく》30位《い》)
県花《けんか》:ナラノヤエザクラ
県鳥《けんちょう》:コマドリ

和歌山県《わかやまけん》
面積《めんせき》:4,725km^2(全国《ぜんこく》30位《い》)
人口《じんこう》:97万人《まんにん》(全国《ぜんこく》40位《い》)
県花《けんか》:ウメ
県鳥《けんちょう》:メジロ

日本海《にほんかい》
丹後半島《たんごはんとう》
若狭湾《わかさわん》
豊岡盆地《とよおかぼんち》
丹後山地《たんごさんち》
円山川《まるやまがわ》
由良川《ゆらがわ》
野坂山地《のさかさんち》
余呉湖《よごこ》
伊吹山地《いぶきさんち》
長良川《ながらがわ》
揖斐川《いびがわ》
安曇川《あどがわ》
竹生島《ちくぶしま》
琵琶湖《びわこ》
福知山盆地《ふくちやまぼんち》
丹波高地《たんばこうち》
比良山地《ひらさんち》
沖島《おきのしま》
滋賀県《しがけん》
京都府《きょうとふ》
篠山盆地《ささやまぼんち》
大堰川《おおいがわ》
亀岡盆地《かめおかぼんち》
西の湖《にしのこ》
近江盆地《おうみぼんち》
鈴鹿山脈《すずかさんみゃく》
木曽川《きそがわ》
千種川《ちくさがわ》
揖保川《いぼがわ》
加古川《かこがわ》
京都盆地《きょうとぼんち》
宇治川《うじがわ》
野洲川《やすがわ》
兵庫県《ひょうごけん》
瀬田川《せたがわ》
鈴鹿川《すずかがわ》
播磨平野《はりまへいや》
六甲山地《ろっこうさんち》
淀川《よどがわ》
木津川《きづがわ》
伊勢湾《いせわん》
家島諸島《いえしましょとう》
生駒山地《いこまさんち》
大阪平野《おおさかへいや》
奈良盆地《ならぼんち》
笠置山地《かさぎさんち》
雲出川《くもずがわ》
播磨灘《はりまなだ》
明石海峡《あかしかいきょう》
答志島《とうしじま》
宮川《みやがわ》
大阪湾《おおさかわん》
大阪府《おおさかふ》
三重県《みえけん》
瀬戸内海《せとないかい》
金剛山地《こんごうさんち》
大和川《やまとがわ》
櫛田川《くしだがわ》
菅島《すがしま》
淡路島《あわじしま》
吉野川《よしのがわ》
志摩半島《しまはんとう》
鳴門海峡《なるとかいきょう》
和泉山脈《いずみさんみゃく》
奈良県《ならけん》
紀の川《きのかわ》
和歌山平野《わかやまへいや》
紀伊山地《きいさんち》
十津川《とつかわ》
英虞湾《あごわん》
大王崎《だいおうざき》
的矢湾《まとやわん》
尾鷲湾《おわせわん》
北山川《きたやまがわ》
三木崎《みきざき》
和歌山県《わかやまけん》
熊野灘《くまのなだ》
紀伊半島《きいはんとう》
熊野川《くまのがわ》(新宮川《しんぐうがわ》)
大島《おおしま》
太平洋《たいへいよう》
潮岬《しおのみさき》

※ 人口《じんこう》は平成《へいせい》26年《ねん》10月《がつ》1日現在《ついたちげんざい》

梅《うめ》
柿《かき》
みかん
たまねぎ
米《こめ》
茶《ちゃ》
清酒《せいしゅ》
タコ
肉牛《にくぎゅう》

三重県《みえけん》

三重県《みえけん》は、太平洋側《たいへいようがわ》に南北《なんぼく》に細長《ほそなが》い形《かたち》をしています。全体的《ぜんたいてき》にはおだやかな気候《きこう》で、夏《なつ》から秋《あき》にかけて雨《あめ》が多《おお》く、冬《ふゆ》は晴《は》れの日《ひ》が多《おお》くなります。

よく肥《こ》えた土《つち》でないと栽培《さいばい》がむずかしいという伊勢《いせ》いも。稲作《いなさく》との転作《てんさく》をおこなっている。

温暖《おんだん》な平野部《へいやぶ》では、風土《ふうど》にあったさまざまな農作物《のうさくぶつ》がつくられています。

滋賀県《しがけん》

滋賀県《しがけん》は日本最大《にほんさいだい》の湖《みずうみ》・琵琶湖《びわこ》を中心《ちゅうしん》に、日本《にほん》のほぼ中央《ちゅうおう》にあります。平地《へいち》の土質《つちしつ》がよく、山《やま》やまから平地にそそがれる川《かわ》の水質《すいしつ》にもめぐまれ、品《ひん》質《しつ》のいい米《こめ》がとれることでも知《し》られています。隣接《りんせつ》する京都《きょうと》の食文化《しょくぶんか》の影《えい》響《きょう》もあり、伝統野菜《でんとうやさい》が守《まも》られてきています。

県南部《けんなんぶ》の甲賀市水口《こうかしみなくち》でつくられている「水口《みなくち》かんぴょう」。歌川広重《うたがわひろしげ》の錦絵《にしきえ》「東海道五十三次《とうかいどうごじゅうさんつぎ》」にも、宿場町《しゅくばまち》「水口宿《みなくちじゅく》」でかんぴょうを干《ほ》す女性《じょせい》たちの場《ば》面《めん》がえがかれている。

京都府《きょうとふ》

京都《きょうと》は、南部《なんぶ》と北部《ほくぶ》に分《わ》けられます。南部《なんぶ》は山《やま》やまに囲《かこ》まれた盆地《ぼんち》で、夏《なつ》は非常《ひじょう》に暑《あつ》く、冬《ふゆ》は底冷《そこび》えするほど寒《さむ》いという、季節《きせつ》の温度差《おんどさ》がはげしいのが特徴《とくちょう》です。北部《ほくぶ》は日本海側気候《にほんかいがわきこう》

宇治市《うじし》を中心《ちゅうしん》とする京都府南部地域《きょうとふなんぶちいき》で生産《せいさん》される日本茶《にほんちゃ》の「宇治茶《うじちゃ》」。茶《ちゃ》つみ体験《たいけん》もおこなっている。

で、冬《ふゆ》はくもりや雪《ゆき》の日《ひ》が多《おお》く、一日《いちにち》の昼夜《ちゅうや》の気温《きおん》の差《さ》が大《おお》きいのが特徴《とくちょう》です。

大阪府《おおさかふ》

江戸時代《えどじだい》から経済《けいざい》・流通《りゅうつう》の中心地《ちゅうしんち》だった大阪《おおさか》は、関西圏《かんさいけん》の文化《ぶんか》の中心《ちゅうしん》でもありました。気候《きこう》は温和《おんわ》で比較的《ひかくてき》雨《あめ》のすくない地域《ちいき》です。古《ふる》くから独特《どくとく》の食文化《しょくぶんか》があり、それにふさわしい伝《でん》統野菜《とうやさい》ものこっています。

JA《ジェイエイ》大阪市《おおさかし》の朝市《あさいち》や直売所《ちょくばいじょ》には、市内産《しないさん》の新鮮《しんせん》な旬《しゅん》の野菜《やさい》を買《か》いもとめに多《おお》くの人《ひと》が集《あつ》まる。

兵庫県《ひょうごけん》

兵庫県《ひょうごけん》は、北《きた》は日本海《にほんかい》、南《みなみ》は瀬戸《せと》内海《ないかい》に面《めん》し、中央《ちゅうおう》を中国山地《ちゅうごくさんち》が横断《おうだん》しています。変化《へんか》に富《と》んだ地形《ちけい》と気候《きこう》で、さまざまな自然環境《しぜんかんきょう》にあわせた多《た》様《よう》な農作物《のうさくぶつ》が栽培《さいばい》されています。

山林面積《さんりんめんせき》が75%をしめる丹波地域《たんばちいき》は独特《どくとく》の気候風《きこうふう》土《ど》に育《そだ》てられた特産物《とくさんぶつ》が多《おお》い。丹波栗《たんばくり》も、そのなかのひとつだ。

奈良県《ならけん》

南北《なんぼく》に細長《ほそなが》い奈良県《ならけん》では、北部《ほくぶ》の奈良盆地《ならぼんち》は雨《あめ》がすくなく、南部《なんぶ》の吉《よし》野山地《のさんち》は海岸気流《かいがんきりゅう》の影響《えいきょう》を受《う》けて雨《あめ》の多《おお》い地域《ちいき》になっています。奈良県《ならけん》独特《どくとく》の歴史《れきし》や文化《ぶんか》を受《う》けつぐ「大和《やまと》」の伝統野菜《でんとうやさい》が栽培《さいばい》されています。

奈良県《ならけん》では大和朝廷《やまとちょうてい》の時代《じだい》から栽培《さいばい》されていたという「柿《かき》」。秋《あき》には全国各地《ぜんこくかくち》へ出荷《しゅっか》される。

和歌山県《わかやまけん》

和歌山県《わかやまけん》は、四季《しき》を通《つう》じて温暖《おんだん》な、瀬戸内海式気候《せとないかいしききこう》に属《ぞく》しています。めぐまれた風土《ふうど》で、江戸時代《えどじだい》から野菜《やさい》や果実《かじつ》の栽培《さいばい》がさかんにおこなわれていました。大消費地《だいしょうひち》の京阪神《けいはんしん》（京都《きょうと》・大阪《おおさか》・神戸《こうべ》）に近《ちか》いという地理的条件《ちりてきじょうけん》にもめぐまれています。

耕地面積《こうちめんせき》の約《やく》6割《わり》を果実《かじつ》がしめる和歌山県《わかやまけん》は、うめの収穫量《しゅうかくりょう》が全国《ぜんこく》1位《い》。「紀州《きしゅう》うめ」として全国《ぜんこく》に知《し》られている。

三重県《みえけん》

温暖《おんだん》な気候《きこう》を生《い》かして、野菜栽培《やさいさいばい》がさかんです。とくにキャベツ、トマト、だいこんは、生産量《せいさんりょう》が多《おお》い野菜《やさい》です。また、かんきつ類《るい》や茶《ちゃ》も栽培《さいばい》していて、「南紀《なんき》みかん」と「伊勢茶《いせちゃ》」は、三重県《みえけん》のイメージアップにつながる「三重《みえ》ブランド」の農作物《のうさくぶつ》になっています。

三重《みえ》なばな

伊勢平野《いせへいや》では、古《ふる》くから油《あぶら》を取《と》るために洋種《ようしゅ》ナタネ（アブラナ）を栽培《さいばい》していた。つんだしんをすてずに食《た》べたところおいしかったので、1955（昭和《しょうわ》30）年《ねん》ごろから「三重《みえ》なばな」の名《な》で流通《りゅうつう》するようになったといわれる。

高菜《たかな》

東紀州地域《ひがしきしゅうちいき》の郷土料理《きょうどりょうり》にある「めはりずし」というおにぎりは、あたたかいごはんを高菜《たかな》づけの葉《は》で包《つつ》む。この材料《ざいりょう》となる葉《は》が高菜《たかな》で、熊《くま》野市《のし》を中心《ちゅうしん》とした中山間地域《ちゅうさんかんちいき》で冷涼《れいりょう》な気候《きこう》を生《い》かして栽培《さいばい》されている。

赤《あか》ずいき

伝統野菜《でんとうやさい》としての表記《ひょうき》は「芸濃《げいのう》ずいき」とされる。

ずいきは「いもがら」ともよばれ、さといもの葉柄《ようへい》部分《ぶぶん》をいう。やつがしらの葉柄《ようへい》のように、エグミのすくないものを利用《りよう》する。首《くび》の部分《ぶぶん》が赤色《あかいろ》になっているものを「赤《あか》ずいき」とよぶ。一般《いっぱん》には乾燥《かんそう》して保存《ほぞん》してある（写真右《しゃしんみぎ》）ので、利用《りよう》するときにはゆでてもどして使《つか》う。

松阪赤菜《まつさかあかな》

1580（天正《てんしょう》8）年《ねん》ごろに蒲生氏郷《がもううじさと》が近江《おうみ》（現在《げんざい》の滋賀県《しがけん》）の日野《ひの》から松阪《まつさか》に入城《にゅうじょう》するときに、日野菜《ひのな》（→63ページ）の種《たね》をもちこんで植《う》えたのがはじまりといわれる。葉柄《ようへい》（葉《は》と茎《くき》をつなぐ部分《ぶぶん》）と根《ね》があざやかな赤色《あかいろ》で、つけものに使《つか》われる。

1965(昭和《しょうわ》40)年《ねん》ころに一時流通《いちじりゅうつう》がとだえたが、2000(平成《へいせい》12)年《ねん》ころから栽培《さいばい》を復活《ふっかつ》させた。

三重《みえ》ブランド

三重《みえ》ブランドとは、三重県《みえけん》の豊《ゆた》かな自然《しぜん》や伝統《でんとう》など、地域《ちいき》の特性《とくせい》を生《い》かした生産物《せいさんぶつ》のなかからとくにすぐれたものを認定《にんてい》し、情報《じょうほう》を発信《はっしん》することで、三重県《みえけん》の知名《ちめい》度《ど》を向上《こうじょう》させ、地域《ちいき》の振興《しんこう》および生産者《せいさんしゃ》の意欲《いよく》を高《たか》めることを目的《もくてき》としているものです。農産物以外《のうさんぶついがい》には「的《まと》矢《や》カキ」「伊勢《いせ》エビ」「松阪牛《まつさかうし》」「熊野地鶏《くまのじどり》」などの食品《しょくひん》類《るい》、「伊賀焼《いがやき》」などの焼《や》き物《もの》も認定《にんてい》されています。

伊勢《いせ》いも

櫛田川中流域《くしだがわちゅうりゅういき》の砂壌土地帯《さじょうどちたい》で古《ふる》くから栽培《さいばい》されていた。やまいものなかまとも考《かんが》えられている。享保年間《きょうほうねんかん》（1716～1736年《ねん》）にはすでに流通《りゅうつう》していた。明治時代《めいじじだい》に入《はい》り、「津田《だ》いも」の名《な》で流通《りゅうつう》していたが、1900（明治《めいじ》33）年《ねん》に「伊勢《いせ》いも」と命名《めいめい》された。

砂壌土地帯《さじょうどちたい》というのは、砂質《さしつ》の土壌《どじょう》のこと。砂《すな》そのものではなく、かわきやすい土《つち》をいう。

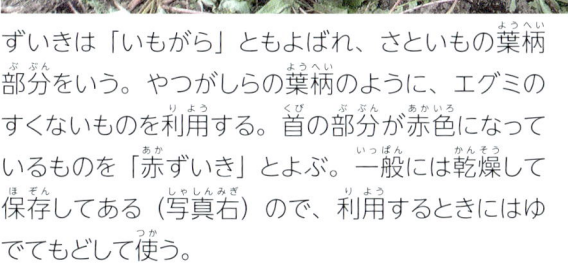

滋賀県《しがけん》

近江盆地《おうみぼんち》を囲《かこ》む山《やま》やまから流《なが》れこむ水《みず》の質《しつ》がよく、古《ふる》くから品質《ひんしつ》のよい「近江米《おうみまい》」が栽培《さいばい》されてきました。この肥沃《ひよく》な土地《とち》を生《い》かして、江戸時代《えどじだい》もしくは明治時代《めいじじだい》から栽培《さいばい》され地元《じもと》で長《なが》く愛《あい》されてきた野菜《やさい》は、近江《おうみ》の伝統野菜《でんとうやさい》として守《まも》られています。

水口《みなくち》かんぴょう

①

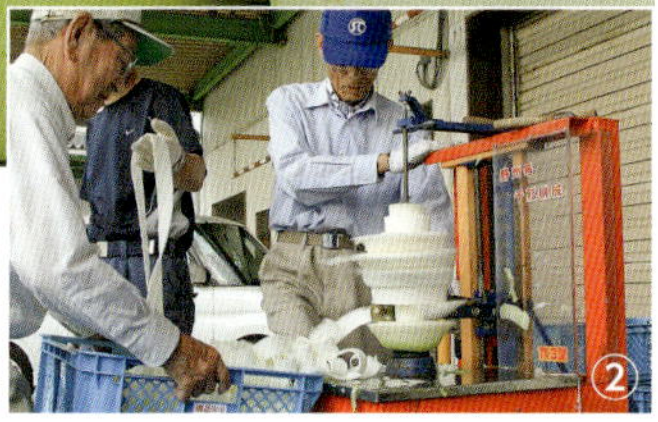
②

鈴鹿山脈《すずかさんみゃく》から琵琶湖《びわこ》に向《む》かって降《お》りたところにある八坂《やさか》地域《ちいき》で、安土桃山時代《あづちももやまじだい》（1573～1603年《ねん》）の水口城主《みなくちじょうしゅ》・長束正家《なつかまさいえ》が農家《のうか》につくらせたのがはじまりといわれる。江戸時代《えどじだい》には、かんぴょうを細《ほそ》長《なが》くつくる製法《せいほう》になり、現在《げんざい》にいたる（②の写真《しゃしん》）。

下田《しもだ》なす

湖南市下田地区《こなんししもだちく》を中心《ちゅうしん》に栽培《さいばい》されている小《こ》なす。アクがすくなくあまみがあるのが特徴《とくちょう》。つけものに最適《さいてき》だが、天《てん》ぷらにも適《てき》している。

秦荘《はたしょう》やまいも

すりおろすと、はしでつかめるほどねばりがあり、まろやか。

琵琶湖《びわこ》の西岸《せいがん》にある秦荘《はたしょう》町《ちょう》（現在《げんざい》の愛荘町《あいしょうちょう》）で古《ふる》くからつくられているやまいも。起源《きげん》は三重県《みえけん》の「伊勢《いせ》いも（→62ページ）」で、伊勢参《いせまい》りのみやげにもちかえったものが根《ね》づいたといわれる。黒《くろ》くゴツゴツした形《かたち》が特徴《とくちょう》。

日野菜《ひのな》

日野菜《ひのな》のつけもの「日野菜《ひのな》づけ」（→22ページ）は、桜《さくら》の花《はな》のような形《かたち》になるので、桜《さくら》づけともいわれている。

日野町《ひのちょう》の鎌掛地区《かいがけちく》が発祥地《はっしょうち》といわれる。宝暦年間《ほうれきねんかん》（1751～1764年《ねん》）に日野町《ひのちょう》の吉野源兵衛《よしのげんべえ》という種子商人《しゅししょうにん》が全国《ぜんこく》に広《ひろ》めたといわれる。地下茎《ちかけい》は白《しろ》く、地上部《ちじょうぶ》は紅《べに》むらさき色《いろ》で、分《わ》け目《め》がはっきりしていることから地元《じもと》では「赤菜《あかな》」とよばれている。

山田《やまだ》ねずみだいこん

大正時代初期《たいしょうじだいしょき》から草津市《くさつし》山田地区《やまだちく》で栽培《さいばい》されているだいこん。根《ね》がネズミの尾《お》ににているので、この名《な》がついた。根《ね》は白首《しろくび》で長《なが》さは15～20cm。根《ね》の先端《せんたん》（おしりの部分《ぶぶん》）にまで身《み》がつまっている。

葉《は》はやわらかく、七草《ななくさ》がゆの「すずしろ」に使《つか》われる。

安曇川《あどがわ》の万木《ゆるぎ》かぶ

高島市安曇川町西万木《たかとりしあどがわちょうにしゆるぎ》地区《ちく》で古《ふる》くから栽培《さいばい》されている赤《あか》かぶ。明治時代《めいじじだい》初期《しょき》に篤農家《とくのうか》が優良品種《ゆうりょうひんしゅ》を育成《いくせい》して広《ひろ》く栽培《さいばい》されるようになった。つややかで味《あじ》も形《かたち》もよく、つけものにすると全体《ぜんたい》がピンク色《いろ》にそまるところに人気《にんき》がある。

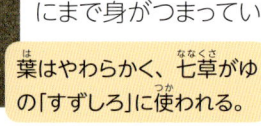

京《きょう》都《と》府《ふ》

伝統野菜《でんとうやさい》をいち早《はや》く有名《ゆうめい》にしたのが「京野菜《きょうやさい》」です。京都《きょうと》に都《みやこ》がうつされた平安京《へいあんきょう》のころ、都《みやこ》の近《ちか》くの畑《はたけ》で栽培《さいばい》されていた野菜《やさい》は市場《いちば》で商《あきな》いされていました。そうした、都《みやこ》の人《ひと》びとの食生活《しょくせいかつ》をささえてきた野菜《やさい》が「京《きょう》の伝統野菜《でんとうやさい》」として、いまも栽培《さいばい》されつづけています。

えびいも

そりかえった形《かたち》と表面《ひょうめん》のしまもようがエビのように見《み》えるのが名前《なまえ》の由来《ゆらい》。

安永年間《あんえいねんかん》（1772～1781年《ねん》）に青蓮院《しょうれんいん》の宮《みや》が長崎《ながさき》からもちかえったさといもの種《たね》を、寺侍《てらざむらい》としてつかえていた平野権《ひらのごん》太夫《だゆう》*がていねいに育《そだ》ててえびいもをつくったといわれる。古《ふる》くから京都《きょうと》のおばんざいの材料《ざいりょう》として使《つか》われる。

*このえびいもと棒《ぼう》ダラをたきあわせた独自《どくじ》の調《ちょう》理法《りほう》をあみだし、屋号《やごう》と場所《ばしょ》を賜《たまわ》って京都《きょうと》・祇《ぎ》園《おん》に料理店《りょうりてん》を創業《そうぎょう》。たきあわせは「いもぼう」とよばれて庶民《しょみん》に広《ひろ》がり、京都《きょうと》の伝統食《でんとうしょく》となった。

壬生菜《みぶな》

京都《きょうと》の中京区《なかぎょうく》にある壬生寺付近《みぶでらふきん》で栽《さい》培《ばい》されてきたので、その名《な》がついた。水菜《みずな》ににているが、葉《は》に切《き》れこみがなく、ほんのりとしたからみが特徴《とくちょう》。

「京菜《きょうな》」ともよばれる、京《きょう》都《と》の代表的《だいひょうてき》な冬野菜《ふゆやさい》。

九条《くじょう》ねぎ

京都《きょうと》市《し》南区《みなみく》の九条《くじょう》あたりで栽培《さいばい》されていたのでこの名《な》がついた。和銅年間《わどうねんかん》（708～715年《ねん》）には栽培《さいばい》が始《はじ》まっていたといわれる。大部分《だいぶぶん》が緑《みどり》の葉《は》になるように育《そだ》てられたねぎ。葉《は》の内部《ないぶ》にぬめりがあり、やわらかさとあまみがある。

聖護院《しょうごいん》だいこん

文政年間《ぶんせいねんかん》（1818～1830年《ねん》）に、尾張《おわり》の国《くに》から京都聖護院《きょうとしょうごいん》の東《ひがし》にある金戒光明寺《こんかいこうみょうじ》に奉納《ほうのう》された長《なが》だいこんの種《たね》と、聖護院《しょうごいん》の篤農家《とくのうか》が奉《ほう》納《のう》しただいこんの種《たね》を採種《さいしゅ》しつづけてうまれただいこん。煮《に》くずれしにくく、あまみがあるので、おもに煮《に》ものに使《つか》われる。おでんにも向《む》いている。

伏見《ふしみ》とうがらし

葉《は》も佃煮《つくだに》として使《つか》われる。

京都《きょうと》の伏見地区《ふしみちく》で古《ふる》くから栽培《さいばい》されているあまとうがらしの一種《いっしゅ》。江戸時代《えどじだい》に刊行《かんこう》された書物《しょもつ》に「伏見付近《ふしみふきん》でとうがらしが栽培《さいばい》された」と記載《きさい》されている。20cmくらいまで大《おお》きくなるものもある。

賀茂《かも》なす

古《ふる》くから栽培《さいばい》されていた黒《くろ》むらさき色《いろ》の大《おお》きな丸《まる》なす。江戸時代《えどじだい》の書物《しょもつ》のなかに、現在《げんざい》の今出川《いまでがわ》から三条河原町《さんじょうかわらまち》で栽培《さいばい》されたという記録《きろく》がある。皮《かわ》はやわらかく、肉質《にくしつ》はよくしまり、あまみもある。なす田楽《でんがく》やしぎ焼《や》きのほか、煮《に》ものや揚《あ》げものにも使《つか》われる。

京都《きょうと》の伝統野菜《でんとうやさい》

京都《きょうと》の伝統野菜《でんとうやさい》は、全国各地《ぜんこくかくち》や中国大陸《ちゅうごくたいりく》から、朝廷《ちょうてい》や神社仏閣《じんじゃぶっかく》におくられた野菜《やさい》の種《たね》が京都《きょうと》に根《ね》づいて、品種改良《ひんしゅかいりょう》されたものです。京都《きょうと》らしい雰囲気《ふんいき》がある京野菜《きょうやさい》のなかでも伝統的《でんとうてき》に生産《せいさん》されつづけている野菜《やさい》を京都府《きょうとふ》が認定《にんてい》しました（1987年《ねん》）。現存《げんそん》している36種類《しゅるい》と絶滅《ぜつめつ》した2種類《しゅるい》、準《じゅん》じる3種類《しゅるい》の合計《ごうけい》41種類《しゅるい》が認定《にんてい》されています。また、京野菜《きょうやさい》やほかの農林産物《のうりんさんぶつ》のなかから、京都府《きょうとふ》や京都《きょうと》農協中央会《のうきょうちゅうおうかい》などが中心《ちゅうしん》となって認定《にんてい》している「ブランド京野菜《きょうやさい》」もあります。

大《おお》阪《さか》府《ふ》

大阪《おおさか》は江戸時代《えどじだい》「天下《てんか》の台所《だいどころ》」とよばれたように、古《ふる》くから食文化《しょくぶんか》が栄《さか》え、その食文化《しょくぶんか》をささえる大阪独特《おおさかどくとく》の野菜《やさい》がたくさんありました。大阪府《おおさかふ》や大阪市《おおさかし》では、大阪独自《おおさかどくじ》の品種《ひんしゅ》を保存《ほぞん》し、栽培《さいばい》していこうと、地域《ちいき》の行事《ぎょうじ》やイベントなどで伝統野菜《でんとうやさい》を積極的《せっきょくてき》にあつかっています。

田辺《たなべ》だいこん

1836(天保《てんぽう》7)年《ねん》の『名《めい》物名産略記《ぶつめいさんりゃっき》』に田辺《たなべ》だいこんの記載《きさい》がある。

現在《げんざい》の東住吉区《ひがしすみよしく》田辺《たなべ》あたりで江戸時代《えどじだい》から栽培《さいばい》されている。京都《きょうと》の「白上《しろあ》がり京《きょう》だいこん」と、根《ね》がねずみのしっぽのような「ねずみだいこん」を交配《こうはい》させ、根《ね》づいたと考《かんが》えられている。根《ね》の長《なが》さは25cmくらいで、白《しろ》い短《みじか》めの円筒形《えんとうけい》。肉質《にくしつ》は緻密《ちみつ》で、つけものや煮炊《にた》きものに向《む》いている。

勝間南瓜《こつまなんきん》

旧《きゅう》・勝間村《こつまむら》（現在《げんざい》の西成区玉出《にしなりくたまで》）でうまれたかぼちゃ。1860（万延元《まんえんがん》）年《ねん》に天満《てんま》の市場《いちば》（現在《げんざい》も大阪市北区《おおさかしきたく》にある浪速《なにわ》の台所《だいどころ》）で許可《きょか》された野《や》菜《さい》のなかに「南京瓜《なんきんうり》」という記載《きさい》があり、これが勝間南瓜《こつまなんきん》だといわれる。煮《に》ものなどに使《つか》われる。

吹田《すいた》くわい

江戸時代以前《えどじだいいぜん》から吹田市《すいたし》で自生《じせい》していた小形《こがた》のくわい。明治維新《めいじいしん》までは、毎《まい》年《とし》、吹田村《すいたむら》と御料方《ごりょうかた》の農家《のうか》から京都《きょうと》の天皇《てんのう》へ献上《けんじょう》されていたという記録《きろく》がある。えぐみ（あくが強《つよ》くて舌《した》やのどがひりひりするような味《あじ》）がすくなく、栗《くり》のようにホクホクしたあまみが特徴《とくちょう》。

毛馬《けま》きゅうり

都島区《みやこじまく》毛馬町《けまちょう》で江戸時代《えどじだい》から栽培《さいばい》されているきゅうり。長《なが》さは30cmくらい。上半分《うえはんぶん》が緑色《みどりいろ》で下半分《したはんぶん》が白《しろ》っぽい。シャキシャキと歯《は》切《き》れのよい果肉《かにく》で、生《なま》で食《た》べたりや粕《かす》づけに使《つか》われたりする。

天王寺《てんのうじ》かぶら

四天王寺《してんのうじ》付近《ふきん》が発祥《はっしょう》のかぶ。栽培《さいばい》するときに根《ね》が地上《ちじょう》にうきあがるので「天王寺《てんのうじ》うきかぶ」ともよばれる。根《ね》は純白《じゅんぱく》でひらべったく、あまみがあるのが特《とく》徴《ちょう》。かぶらむしや、あさづけ、ふろふきなどに使《つか》われる。

金時《きんとき》にんじん

正月《しょうがつ》のお節料理《せちりょうり》にはかかせない一品《いっぴん》。

江戸時代《えどじだい》から大阪《おおさか》は、にんじんの一《いち》大産地《だいさんち》だった。1828（文政《ぶんせい》11）年《ねん》に刊行《かんこう》された『大坂繁花風土記全《おおさかはんかふどきぜん》』に、金時《きんとき》にんじんは大阪《おおさか》の名物《めいぶつ》であったと記載《きさい》されている。30cmくらいの根《ね》は深紅色《しんくいろ》で、味《あじ》は濃厚《のうこう》。

なにわの伝統野菜《でんとうやさい》

大阪《おおさか》をはぐくんだ食文化《しょくぶんか》への理解《りかい》と大阪府内《おおさかふない》の農業振興《のうぎょうしんこう》のために、2005（平成《へいせい》17)年《ねん》に「なにわの伝統野菜《でんとうやさい》」認証制度《にんしょうせいど》がつくられました。以下《いか》が基準《きじゅん》になっています。

1. おおむね100年前《ねんまえ》(明治時代初期《めいじじだいしょき》)から大阪府内《おおさかふない》で栽培《さいばい》されている野菜
2. 苗《なえ》、種子《しゅし》などの来歴《らいれき》が明《あき》らかで、大阪独自《おおさかどくじ》の品目《ひんもく》、品種《ひんしゅ》であり、栽培《さいばい》を供《きょう》する苗《なえ》、種子《しゅし》などの確保《かくほ》が可能《かのう》な野菜《やさい》
3. 大阪府内《おおさかふない》で生産《せいさん》されていること

兵庫県《ひょうごけん》

京阪神《けいはんしん》という大消費地《だいしょうひち》をひかえた兵庫県《ひょうごけん》では、立地条件《りっちじょうけん》を生《い》かした多様《たよう》な農業経営《のうぎょうけいえい》がおこなわれ、いろいろな農産物《のうさんぶつ》がつくられています。播州平野《ばんしゅうへいや》では温暖《おんだん》な気候《きこう》を生《い》かして、トマト、いちご、メロンなどの果実類《かじつるい》も栽培《さいばい》されています。

岩津《いわつ》ねぎ

朝来市岩津《あさごしいわつ》で栽培《さいばい》されているねぎ。江戸《えど》時代《じだい》に多《おお》くの金《きん》・銀《ぎん》を産出《さんしゅつ》した生野銀山《いくのぎんざん》ではたらく人《ひと》たちの冬《ふゆ》の野菜《やさい》として栽培《さいばい》したのがはじまりといわれる。白《しろ》ねぎ（長《なが》ねぎ、根深《ねぶか》ねぎともいう）だが、葉《は》までやわらかい。

深谷《ふかや》ねぎ（埼玉県《さいたまけん》）、九条《くじょう》ねぎ（京都府《きょうとふ》）とならんで、日本三大《にほんさんだい》ねぎのひとつ。

武庫一寸《むこいっすん》そら豆《まめ》

武庫川下流《むこがわかりゅう》の沖積地《ちゅうせきち》帯《たい》・武庫地域《むこちいき》（現在《げんざい》の尼崎市北西部《あまがさきしほくせいぶ》）で栽培《さいばい》されている。おたふく豆《まめ》から淘汰《とうた》された品種《ひんしゅ》といわれる。豆《まめ》のつぶが大《おお》きく、一寸《いっすん》（約《やく》3cm）くらいになる。

丹波《たんば》のやまのいも

やまといもの一種《いっしゅ》で、別名《べつめい》「つくねいも」。丹波地方《たんばちほう》では江戸初期《えどしょき》からやまのいもの貯蔵《ちょぞう》が始《はじ》まったといわれる。丸《まる》い形《かたち》でねばりが強《つよ》く、切《き》り口《くち》が緻密《ちみつ》。純白《じゅんぱく》で、品質《ひんしつ》がよいとされる。

ペッチンうり

東播地域《とうばんちいき》だけで栽培《さいばい》されているめずらしいうり。完熟《かんじゅく》したときの色《いろ》つやがビロード生地《きじ》（別珍《べっちん》）のようなところから名前《なまえ》がついたといわれる。果肉《かにく》が黄色《きいろ》く、メロンのような風《ふう》味《み》がある。

尼《あま》いも

尼崎市《あまがさきし》が原産《げんさん》。江《え》戸《ど》時代《じだい》から、尼崎《あまがさき》町南部《ちょうなんぶ》で栽培《さいばい》されていたといわれる。昭和時代《しょうわじだい》に一時《いちじ》期《き》栽培《さいばい》がとだえたが、地元《じもと》の有志《ゆうし》により復活《ふっかつ》した。

丹波黒大豆《たんばくろだいず》

正月《しょうがつ》のお節料理《せちりょうり》にも使《つか》われる。

丹波地方《たんばちほう》で古《ふる》くから栽培《さいばい》されている特《とく》産品《さんぴん》。江戸時代《えどじだい》に篠山藩主青山公《ささやまはんしゅあおやまこう》が農業振興《のうぎょうしんこう》に力《ちから》を注《そそ》ぎ、徳川幕府《とくがわばくふ》へ献上《けんじょう》した農作物《のうさくぶつ》。球形《きゅうけい》の黒《くろ》い大《おお》つぶな大豆《だいず》で、もちもちした食感《しょっかん》とあまみが特徴《とくちょう》。

淡路《あわじ》たまねぎ

地野菜《じやさい》として注目《ちゅうもく》したいのが淡路《あわじ》たまねぎです。兵庫県《ひょうごけん》のたまねぎ出荷量《しゅっかりょう》の95%は淡路島《あわじしま》で栽培《さいばい》されています。明治維新《めいじいしん》後、神戸《こうべ》の外国人居住地《がいこくじんきょじゅうち》に住《す》むアメリカ人《じん》から手《て》に入《い》れた泉州産《せんしゅうさん》たまねぎが、淡路島《あわじしま》のたまねぎ栽培《さいばい》のはじまりです。ほどよい肉質《にくしつ》のやわらかさで人気《にんき》があります。一《いっ》般的《ぱんてき》な黄《き》たまねぎ以外《いがい》に、白《しろ》たまねぎや赤《あか》たまねぎ、小《こ》たまねぎなど、種類《しゅるい》も豊《ほう》富《ふ》です。

奈良県《ならけん》

奈良県《ならけん》は「なら食《しょく》と農《のう》の県民会議《けんみんかいぎ》」を設立《せつりつ》し、「奈良《なら》のうまいもの」や特産物《とくさんぶつ》を推進《すいしん》しています。むかしからつくられている「大和《やまと》の伝統野《でんとうや》菜《さい》」があり、これらの農作物《のうさくぶつ》を生《い》かした「魅力《みりょく》ある食《しょく》と農《のう》」にかんするさまざまな取《と》りくみをおこなっています。

ひもとうがらし

直径《ちょっけい》5mmくらいの細長《ほそなが》いあまとうがらし。濃緑《のうりょく》色《しょく》の皮《かわ》はやわらかく、あまみがある。油炒《あぶらいた》めや天《てん》ぷら、煮《に》びたし（うすいだしで煮《に》て、そのままさます）などに向《む》いている。

結崎《ゆうざき》ねぶか

室町時代《むろまちじだい》から栽培《さいばい》されていたともいわれ、いくつかの伝説《でんせつ》がのこされている。

やわらかくあまみがある、ねぎのなかま。おもな産地《さんち》は川西町結崎《かわにしちょうゆうざき》。一《いち》時期栽培《じきさいばい》がとだえたが、2002（平成《へいせい》14）年《ねん》から川西町商工会《かわにしちょうしょうこうかい》が中心《ちゅうしん》となり、産地育成《さんちいくせい》に取《と》りくんでいる。

宇陀金《うだきん》ごぼう

宇陀《うだ》の山間《さんかん》で栽培《さいばい》される。

昼夜《ちゅうや》の温度差《おんどさ》と、粘土質《ねんどしつ》の土壌《どじょう》が育成《いくせい》にあい、肉質《にくしつ》がやわらかく香《かお》りが豊《ゆた》かなごぼうになる。土《つち》にキラキラした雲母《うんも》が多《おお》くふくまれていて、ごぼうに付着《ふちゃく》して光《ひか》るため、この名《な》がついた。

大和三尺《やまとさんじゃく》きゅうり

三尺《さんじゃく》の「尺《しゃく》」は長《なが》さの単《たん》位《い》。一尺《いっしゃく》は30cm。完《かん》熟《じゅく》させると、文字《もじ》どおり90cm（三尺《さんじゃく》）にもなる。

第二次世界大戦前《だいにじせかいたいせんまえ》まで奈良《なら》で多《おお》く栽培《さいばい》されていたつけもの用《よう》のきゅうり。長《なが》いきゅうりなので、箱《はこ》づめがむずかしく、流通《りゅうつう》させるのに不便《ふべん》だったり、まっすぐ生長《せいちょう》させるのがむずかしいことから栽培《さいばい》されにくくなっている。

大和《やまと》まな

中国《ちゅうごく》から渡来《とらい》したつけ菜《な》を奈《な》良独自《らどくじ》の方法《ほうほう》で栽培《さいばい》しつづけたもの。葉《は》に、だいこんの葉《は》ににた切《き》れこみがあり、やわらかくあまみがある。煮《に》ものやおひたしに向《む》いている。

もともとは油《あぶら》をとるために栽《さい》培《ばい》されていたものが野菜《やさい》として利用《りよう》されるようになった。

祝《いわい》だいこん

直径《ちょっけい》3cmくらいの細《ほそ》いだいこん。にんじんやさといもとともに輪切《わぎ》りにして煮《に》こむ、大和《やまと》の雑煮《ぞうに》にはかかせない。

大和《やまと》の雑煮《ぞうに》は、1年《ねん》間何事《かんなにごと》もまるくおさまるようにと、だいこんを輪切《わぎ》りにする。

大和《やまと》の伝統野菜《でんとうやさい》とこだわり野菜《やさい》

奈良県《ならけん》では、戦前《せんぜん》から奈良県内《ならけんない》での生産《せいさん》が確認《かくにん》されていて、地域《ちいき》の歴《れき》史《し》や文化《ぶんか》を受《う》けついでつくられている「大和《やまと》まな」、「祝《いわい》だいこん」など18品《ひん》目《もく》の野菜《やさい》を「大和《やまと》の伝統野菜《でんとうやさい》」に、栽培《さいばい》や収穫《しゅうかく》に手間《てま》をかけて栄養《えいよう》やおいしさを追求《ついきゅう》した野菜《やさい》、奈良県《ならけん》オリジナルの野菜《やさい》として「大和《やまと》ふとねぎ」、「香《かお》りごぼう」などの5品目《ひんもく》の野菜《やさい》を「大和《やまと》のこだわり野菜《やさい》」と位置《いち》づけています。

和歌山県《わかやまけん》

和歌山県《わかやまけん》では、めぐまれた風土《ふうど》を生《い》かして品質《ひんしつ》の高《たか》い野菜《やさい》が栽培《さいばい》されています。伝統野菜以外《でんとうやさいいがい》にも有名《ゆうめい》なのが紀州梅《きしゅううめ》。梅雨期《ばいうき》に収穫《しゅうかく》し、8月《がつ》にはひとつぶひとつぶ太陽《たいよう》の下《した》でていねいに天日乾燥《てんぴかんそう》してつくります。つぶが大《おお》きく、果皮《かひ》がうすい南高梅《なんこううめ》の梅干《うめぼ》しは、最高級《さいこうきゅう》といわれています。

水《みず》なす

水《みず》なすといえば、大《おお》阪南部《さかなんぶ》の泉州地方《せんしゅうちほう》でとれる「泉州水《せんしゅうみず》なす」が知《し》られているが、その県境《けんざかい》に位置《いち》する和歌山県側《わかやまけんがわ》でも江戸《えど》時代《じだい》から栽培《さいばい》されている。皮《かわ》はやわらかく、あさづけに向《む》く。

うすいえんどう

「うすい」の名《な》は産地《さんち》の「碓井《うすい》」に由来《ゆらい》している。

明治時代中期《めいじじだいちゅうき》に大阪府羽曳野市《おおさかふはびきのし》の碓井地区《うすいちく》にアメリカから導入《どうにゅう》されたものを、和歌山県《わかやまけん》でも導入《どうにゅう》して栽培《さいばい》しはじめたといわれる。さやをとって、なかの未熟《みじゅく》な実《み》だけを食《た》べる「実《み》えんどう」で、グリンピースにくらべると、糖《とう》の含有量《がんゆうりょう》がすくない。

じゃばら

かんきつ類《るい》の一種《いっしゅ》。江戸時代《えどじだい》のころから北山村《きたやまむら》で庭《にわ》先栽培《さきさいばい》されてきた。「邪《じゃ》」を「はらう」ことから名前《なまえ》がついたといわれる。ゆずにくらべて酸味《さんみ》が強《つよ》いので、飲料《いんりょう》やジャムなどに加工《かこう》されることが多《おお》い。

和歌山《わかやま》だいこん

和歌山県《わかやまけん》では江戸時代《えどじだい》から名草郡中《なぐさぐんなか》之島《のしま》（現在《げんざい》の和歌山市中之島《わかやましなかのしま》）を中《ちゅう》心《しん》にだいこんが栽培《さいばい》されてきた。和《わ》歌山《かやま》だいこんは江戸時代《えどじだい》の参勤交代《さんきんこうたい》の際《さい》に江戸《えど》からもちかえった種《たね》を栽《さい》培《ばい》したのがはじまりといわれる。食《た》べる部分《ぶぶん》が白《しろ》く、つけもの用《よう》に利用《りよう》されている。

青身《あおみ》だいこん

青身《あおみ》だいこんは、もともと雑煮用《ぞうによう》として使《つか》われていた。いまでも正《しょう》月用《がつよう》に店頭《てんとう》にならぶ。

直径《ちょっけい》2～3cmで、長《なが》さが25cmくらいの、首《くび》の部分《ぶぶん》が緑色《みどりいろ》のだいこん。1922（大正《たいしょう》11）年《ねん》に昭和天皇《しょうわてんのう》が和歌山《わかやま》県《けん》を訪問《ほうもん》した際《さい》に、県《けん》の特産野菜《とくさんやさい》として献上《けんじょう》された。

源五兵衛《げんごべえ》すいか

和歌山県《わかやまけん》のすいか栽培《さいばい》は、江《え》戸時代初期《どじだいしょき》に紀州初代藩主徳《きしゅうしょだいはんしゅとく》川頼宣《がわよりのぶ》が和歌山市布引《わかやましぬのひき》に奨励《しょうれい》したのがはじまりといわれる。おもに粕《かす》づけや奈良《なら》づけとして使《つか》われる。源五兵衛《げんごべえ》は、すいかを粕《かす》づけにした創始者《そうししゃ》。

紀州《きしゅう》みかん

紀州《きしゅう》みかんの栽培《さいばい》が始《はじ》まったのは江戸時代《えどじだい》のこと。和歌山県《わかやまけん》での本格的《ほんかくてき》な栽培《さいばい》は、明治《めいじ》20年代《ねんだい》です。温州《うんしゅう》みかんが普及《ふきゅう》するまでは代表的《だいひょうてき》な品種《ひんしゅ》でしたが、別名《べつめい》「小《こ》みかん」といわれるほど小《ちい》さいのが特徴《とくちょう》のため、温州《うんしゅう》みかんに主役《しゅやく》の座《ざ》をあけわたしました。最近《さいきん》は露地栽培《ろじさいばい》のほかに「ハウス加温《かおん》（低温《ていおん》から守《まも》るために暖房機《だんぼうき》を使《つか》うこと）」がおこなわれるようになっています。

もっと知《し》りたい!

「種屋《たねや》」が広《ひろ》めた伝統野菜《でんとうやさい》

伝統野菜《でんとうやさい》は、渡来《とらい》した野菜《やさい》が日本各地《にほんかくち》に広《ひろ》がり、それぞれの地域《ちいき》でその土地《とち》の気候《きこう》や土《つち》、食生活《しょくせいかつ》などに応《おう》じて改良《かいりょう》されて、固定化《こていか》されていった野菜《やさい》です。そうした野菜《やさい》の種《たね》を商《あきな》う人《ひと》や店《みせ》のことを「種屋《たねや》」といいます。

伝統野菜《でんとうやさい》と種《たね》を守《まも》り育《そだ》てる

江戸時代《えどじだい》まで、人《ひと》びとは、その土地《とち》で長年栽培《ながねんさいばい》されてきた在来種《ざいらいしゅ》を使《つか》って野菜《やさい》を栽培《さいばい》していました。しかしそれでは、つくる人《ひと》やつくる土地《とち》によって形《かたち》や大《おお》きさがふぞろいになり、収穫《しゅうかく》も安定《あんてい》しません。そのため、それぞれの土地《とち》で種《たね》を選抜《せんばつ》し、安定《あんてい》して栽培《さいばい》できる種《たね》が固定化《こていか》されていきました。この種《たね》を固定種《こていしゅ》といい、それを農家《のうか》に販売《はんばい》していたのが「種屋《たねや》」です。

「種屋《たねや》」によって各地《かくち》に広《ひろ》がった野菜《やさい》の種《たね》は、その地域《ちいき》の風土《ふうど》や在来種《ざいらいしゅ》との交配《こうはい》で、個性的《こせいてき》でも安定《あんてい》して収穫《しゅうかく》できる伝統野菜《でんとうやさい》を育《そだ》てていきました。

野菜《やさい》の種《たね》には、固定種《こていしゅ》とＦ１種《エフワンしゅ》という区分《くぶん》があります。固定種《こていしゅ》は、その地域《ちいき》の気候《きこう》・風土《ふうど》のなかで、親《おや》から子《こ》、子《こ》から孫《まご》へと何世代《なんせだい》にわたっておなじ形質《けいしつ》が受《う》けつがれている種《たね》です。代《だい》だい形質《けいしつ》がかわらず、その株《かぶ》から種《たね》をとっても両親《りょうしん》とそっくりな子《こ》がはえてきます。

一方《いっぽう》、Ｆ１種《エフワンしゅ》は、直訳《ちょくやく》すると「雑種第一代《ざっしゅだいいちだい》の種《たね》」という意味《いみ》で、ハイブリッド種《しゅ》ともよばれます。ことなる親《おや》を交配《こうはい》させることで、つぎにうまれた子《こ》（第一世代《だいいちせだい》の種《たね》）が両親《りょうしん》にくらべて、より生育《せいいく》がよく、抵抗力《ていこうりょく》が強《つよ》く、収穫量《しゅうかくりょう》も高《たか》くなる種《たね》です。

現在市場《げんざいしじょう》に出《で》まわる野菜《やさい》のほとんどの種子《しゅし》はＦ１種《エフワンしゅ》です。つねにそろった品質《ひんしつ》の野菜《やさい》ができ、生育《せいいく》も早《はや》く、大量生産《たいりょうせいさん》に向《む》いていますが、一代《いちだい》かぎりです。Ｆ１種《エフワンしゅ》から種《たね》をとると、二代目《にだいめ》にはばらつきが出《で》てしまうので、毎年種《まいとしたね》を購入《こうにゅう》しなければなりません。

野口種苗研究所《のぐちしゅびょうけんきゅうしょ》の「野口《のぐち》のタネ」は、すべて「固定種《こていしゅ》」とよばれる野菜《やさい》の種《たね》。埼玉県《さいたまけん》で、全国《ぜんこく》の伝統野菜《でんとうやさい》の種《たね》をあつかう種苗店《しゅびょうてん》を親子三代《おやこさんだい》にわたっていとなんでいる。

中国《ちゅうごく》・四国《しこく》地方《ちほう》

気候《きこう》・風土《ふうど》と農作物《のうさくぶつ》

鳥取県《とっとりけん》
面積《めんせき》:3,507km^2(全国《ぜんこく》41位《い》)
人口《じんこう》:57万人《まんにん》(全国《ぜんこく》47位《い》)
県花《けんか》:二十世紀《にじっせいき》ナシ
県鳥《けんちょう》:オシドリ

島根県《しまねけん》
面積《めんせき》:6,708km^2(全国《ぜんこく》19位《い》)
人口《じんこう》:70万人《まんにん》(全国《ぜんこく》46位《い》)
県花《けんか》:ボタン
県鳥《けんちょう》:オオハクチョウ

岡山県《おかやまけん》
面積《めんせき》:7,115km^2(全国《ぜんこく》17位《い》)
人口《じんこう》:192万人《まんにん》(全国《ぜんこく》21位《い》)
県花《けんか》:モモ
県鳥《けんちょう》:キジ

広島県《ひろしまけん》
面積《めんせき》:8,479km^2(全国《ぜんこく》11位《い》)
人口《じんこう》:283万人《まんにん》(全国《ぜんこく》12位《い》)
県花《けんか》:モミジ
県鳥《けんちょう》:アビ

山口県《やまぐちけん》
面積《めんせき》:6,112km^2(全国《ぜんこく》23位《い》)
人口《じんこう》:141万人《まんにん》(全国《ぜんこく》27位《い》)
県花《けんか》:ナツミカン
県鳥《けんちょう》:ナベヅル

徳島県《とくしまけん》
面積《めんせき》:4,147km^2(全国《ぜんこく》36位《い》)
人口《じんこう》:76万人《まんにん》(全国《ぜんこく》44位《い》)
県花《けんか》:スダチ
県鳥《けんちょう》:シラサギ

香川県《かがわけん》
面積《めんせき》:1,877km^2(全国《ぜんこく》47位《い》)
人口《じんこう》:98万人《まんにん》(全国《ぜんこく》39位《い》)
県花《けんか》:オリーブ
県鳥《けんちょう》:ホトトギス

愛媛県《えひめけん》
面積《めんせき》:5,676km^2(全国《ぜんこく》26位《い》)
人口《じんこう》:140万人《まんにん》(全国《ぜんこく》28位《い》)
県花《けんか》:ミカン
県鳥《けんちょう》:コマドリ

高知県《こうちけん》
面積《めんせき》:7,104km^2(全国《ぜんこく》18位《い》)
人口《じんこう》:74万人《まんにん》(全国《ぜんこく》45位《い》)
県花《けんか》:ヤマモモ
県鳥《けんちょう》:ヤイロチョウ

※ 人口《じんこう》は平成《へいせい》26年《ねん》10月1日現在《がつついたちげんざい》

みかん
なし
ゆず
すだち
レモン
マスカット
オリーブ
なす
きゅうり
ピーマン
生《なま》しいたけ
さつまいも
らっきょう
シジミ
タイ
ブリ
カキ

鳥取県《とっとりけん》

鳥取県《とっとりけん》は、日本海《にほんかい》と中国山地《ちゅうごくさんち》の自《し》然環境《ぜんかんきょう》にめぐまれた地域《ちいき》です。日本《にほん》海側気候《かいがわきこう》で、豪雪地帯《ごうせつちたい》となっていますが、水田地帯《すいでんちたい》、砂丘地帯《さきゅうちたい》、山間地帯《さんかんちたい》の傾斜《けいしゃ》など、それぞれの地域《ちいき》の土壌《どじょう》や環境《かんきょう》を生《い》かした農作物《のうさくぶつ》を栽培《さいばい》しています。

鳥取《とっとり》の砂丘地帯《さきゅうちたい》で栽培《さいばい》されているらっきょう。10月下旬《がつげじゅん》~11月上旬《がつじょうじゅん》に、小《ちい》さなむらさき色《いろ》の花《はな》びらをつけたらっきょうの花《はな》が咲《さ》きほこる。

島根県《しまねけん》

全体的《ぜんたいてき》に冬《ふゆ》には雪《ゆき》が多《おお》い日本海側《にほんかいがわ》気候《きこう》です。山《やま》が多《おお》い島根半島《しまねはんとう》と中国《ちゅうごく》山地《さんち》にはさまれた出雲平野《いずもへいや》は肥沃《ひよく》な沖積平野《ちゅうせきへいや》で、稲作《いなさく》のほか、近年《きんねん》はぶどうを中心《ちゅうしん》に果樹栽培《かじゅさいばい》もさかんです。豊《ゆた》かな自然《しぜん》にはぐくまれた歴史《れきし》ある伝《でん》統野菜《とうやさい》も栽培《さいばい》されています。

かりとった稲《いね》のたばを天日干《てんぴぼ》しするためにたてられた「ヨズクハデ」とよばれるもの。見《み》た目《め》がヨズク(フクロウ)ににていることからその名《な》がついた。

岡山県《おかやまけん》

温暖《おんだん》な瀬戸内海式気候《せとないかいしききこう》で、晴天《せいてん》の日《ひ》が多《おお》く、降水量《こうすいりょう》がすくない岡山県《おかやまけん》は、「晴《は》れの国《くに》」というキャッチフレーズで表現《ひょうげん》しています。豊《ゆた》かな自然《しぜん》にもめぐまれ、むかしからの伝統技術《でんとうぎじゅつ》を生《い》かした質《しつ》の高《たか》い野菜《やさい》や果実《かじつ》がつくられています。

岡山県《おかやまけん》では、ぶどうとももがさかんに栽培《さいばい》されている。写真《しゃしん》は、実《み》が大《おお》つぶで香《かお》り豊《ゆた》かなマスカット。

広島県《ひろしまけん》

瀬戸内海《せとないかい》に面《めん》している広島県《ひろしまけん》は、一年《いちねん》を通《つう》じておだやかな気候《きこう》にめぐまれています。急《きゅう》な斜面《しゃめん》の多《おお》い地域《ちいき》や、けわしい渓谷《けいこく》のある地域《ちいき》など変化《へんか》に富《と》んでいます。気候《きこう》は一年《いちねん》を通《とお》して温暖《おんだん》で、降水量《こうすいりょう》は多《おお》くありません。瀬《せ》戸内海《とないかい》の島《しま》じまや沿岸地域《えんがんちいき》では温暖《おんだん》な気候《きこう》に適《てき》したかんきつ類《るい》を栽培《さいばい》しています。

広島《ひろしま》の伝統野菜《でんとうやさい》「広島菜《ひろしまな》」の畑《はたけ》。デルタ地帯《ちたい》（三角《さんかく》州《す》）の土壌《どじょう》と、地元《じもと》農家《のうか》の努力《どりょく》で地域特有《ちいきとくゆう》の野菜《やさい》がはぐくまれた。

山口県《やまぐちけん》

山口県《やまぐちけん》は、三方《さんぽう》を海《うみ》に囲《かこ》まれ、中《ちゅう》国山地《ごくさんち》が県《けん》のほぼ中央《ちゅうおう》をいなづま型《がた》にまがりながら東西《とうざい》を走《はし》り瀬戸内海沿《せとないかいえん》岸地域《がんちいき》と内陸山間地域《ないりくさんかんちいき》、日本海沿岸《にほんかいえんがん》地域《ちいき》の３つに分《わ》けられます。高《たか》い山《やま》はすくないですが、平野《へいや》もとぼしく、中山間地域《ちゅうさんかんちいき》の多《おお》いところです。気候《きこう》は全体的《ぜんたいてき》には太平洋側気候《たいへいようがわきこう》にぞくしていますが、日本海《にほんかい》に面《めん》している地域《ちいき》の冬《ふゆ》は、東部《とうぶ》と西部《せいぶ》とではかなりの差《さ》があります。

れんこんは、ハスの地下茎《ちかけい》が肥大《ひだい》した部分《ぶぶん》をさす。岩国《いわくに》のれんこん栽培《さいばい》は江戸時代中期《えどじだいちゅうき》からおこなわれ、気候《きこう》と風土《ふうど》にめぐまれ産地《さんち》が拡大《かくだい》した。

徳島県《とくしまけん》

北部《ほくぶ》は瀬戸内海式気候《せとないかいしききこう》、南部《なんぶ》は太《たい》平洋側気候《へいようがわきこう》に大別《たいべつ》されます。徳島県《とくしまけん》の農業《のうぎょう》は、江戸時代《えどじだい》から明治時代末《めいじじだいまつ》期《き》まで栄《さか》えた藍作農業《あいさくのうぎょう》（藍染《あいぞ》めの藍《あい》を育《そだ》てる）が基本《きほん》となっています。これは、露地栽培《ろじさいばい》の基本形《きほんけい》として、現在《げんざい》もつづいています。吉野川流域《よしのがわりゅういき》の肥《ひ》沃《よく》な沖積土壌《ちゅうせきどじょう》や砂地畑資源《すなじばたしげん》を生《い》かし、個性豊《こせいゆた》かな特産物《とくさんぶつ》を栽培《さいばい》しています。

徳島県《とくしまけん》は生《なま》しいたけの生産量《せいさんりょう》が全国一《ぜんこくいち》。菌床栽培《きんしょうさいばい》を取《と》りいれ、一年《いちねん》を通《つう》じて収穫《しゅうかく》できるようになった。

香川県《かがわけん》

北《きた》は瀬戸内海《せとないかい》に面《めん》している香川県《かがわけん》は、一年《いちねん》を通《つう》じて晴《は》れの日《ひ》が多《おお》く、温《おん》暖《だん》な地域《ちいき》です。しかし、香川《かがわ》の地名《ちめい》は「枯川《こかわ》」に由来《ゆらい》するという説《せつ》があるように、夏《なつ》には水不足《みずぶそく》の心配《しんぱい》をする河《か》川《せん》もすくなくありません。瀬戸内海式《せとないかいしき》気候《きこう》の影響《えいきょう》を受《う》けている讃岐平野《さぬきへいや》は、雨量《うりょう》がすくないので、水《みず》の確保《かくほ》を目《もく》的《てき》にしたため池《いけ》が多《おお》くあります。

日本《にほん》でもっともせまい県《けん》として知《し》られる香川県《かがわけん》の面積《めんせき》には、瀬戸内海《せとないかい》にある島《しま》じまの面積《めんせき》もふくまれる。そのなかで最大《さいだい》の島《しま》である小豆島《しょうどしま》は、オリーブの産地《さんち》として知《し》られている。

愛媛県《えひめけん》

愛媛県《えひめけん》の気候《きこう》は温暖《おんだん》で、晴《は》れの日《ひ》が多《おお》い瀬戸内海式気候《せとないかいしききこう》です。瀬戸内《せとない》海沿岸《かいえんがん》と瀬戸内海《せとないかい》の島《しま》じま、宇和海《うわかい》に面《めん》した地域《ちいき》に分《わ》けられ、愛媛県《えひめけん》の産物《さんぶつ》であるかんきつ類《るい》は、宇和海沿岸《うわかいえんがん》の傾斜地《けいしゃち》を中心《ちゅうしん》に栽培《さいばい》されています。

宇和海《うわかい》に面《めん》する西予市明浜町《せいよしあけはまちょう》のみかん畑《ばたけ》。段《だん》だん畑《ばたけ》で、太陽《たいよう》の光《ひかり》と潮風《しおかぜ》をいっぱいに受《う》けて育《そだ》つ。

高知県《こうちけん》

四国南部《しこくなんぶ》に位置《いち》する高知県《こうちけん》は、太《たい》平洋《へいよう》に面《めん》して扇状《おうぎじょう》に広《ひろ》がり、一年《いちねん》じゅう温暖《おんだん》な気候《きこう》にめぐまれています。平《へい》地面積《ちめんせき》はせまいのですが、ハウスやトンネルという施設《しせつ》を利用《りよう》して野菜《やさい》が栽《さい》培《ばい》されています。

ビニールハウスで栽培《さいばい》しているようす。ビニールハウスは気候《きこう》の温暖《おんだん》さを生《い》かして、生長《せいちょう》を早《はや》める。

鳥取県《とっとりけん》

鳥取県《とっとりけん》の野菜《やさい》で、全国《ぜんこく》レベルで生産量《せいさんりょう》の多《おお》いものは、すいか、らっきょう、ながいも、ねぎです。これらを生産《せいさん》する土壌《どじょう》の条件《じょうけん》は「黒《くろ》ボク土《ど》壌《じょう》」と砂丘《さきゅう》です。とくに砂丘《さきゅう》は、らっきょうやながいもの生産《せいさん》を特徴《とくちょう》づける重要《じゅうよう》な農地《のうち》となっています。

砂丘《さきゅう》らっきょう

夏《なつ》に植《う》えつけをし、冬《ふゆ》の風雪《ふうせつ》にたえ、翌年《よくねん》5〜6月《がつ》に収穫《しゅうかく》。冬《ふゆ》がきびしいほど、色白《いろじろ》でひきしまったらっきょうに育《そだ》つ。

日本海《にほんかい》ぞいの県東部《けんとうぶ》と中部《ちゅうぶ》の砂丘《さきゅう》で古《ふる》くから栽培《さいばい》されている。江戸時《えどじ》代《だい》の参勤交代《さんきんこうたい》のときに、江戸《えど》の小石川薬園《こいしかわやくえん》から種《たね》をもちこんだのがはじまりといわれる。大正時代《たいしょうじだい》から本格的《ほんかくてき》な栽培《さいばい》がおこなわれるようになった。古《ふる》くはねぎのようにきざんでみそ汁《しる》に入《い》れたり、煮《に》つけて食《た》べていたといわれる。大正時代以降《たいしょうじだいいこう》、酢《す》づけで食《た》べるようになった。

伯州《はくしゅう》ねぎ

大正時代中期《たいしょうじだいちゅうき》から昭和《しょうわ》の初期《しょき》にかけて鳥取県立農《とっとりけんりつのう》事試験場《じしけんじょう》が山口県《やまぐちけん》から導《どう》入《にゅう》した「千住《せんじゅ》ねぎ」をもとに品種改良《ひんしゅかいりょう》した。白《しろ》ねぎ系《けい》で、砂丘《さきゅう》でも栽培《さいばい》できることから、この土地《とち》に定着《ていちゃく》した。

砂丘《さきゅう》ながいも

適度《てきど》なねばりがあり、サクサクした食感《しょっかん》をもつ。

県中部《けんちゅうぶ》の砂丘地《さきゅうち》で栽培《さいばい》されるながいも。砂地《すなち》で栽培《さいばい》しているので、肌《はだ》がきれいで、まっすぐに長《なが》い形状《けいじょう》をしている。

花御所柿《はなごしょがき》

因幡地方《いなばちほう》だけで栽培《さいばい》されている甘柿《あまがき》。郡家町《こおげちょう》（現《げん》在《ざい》は八頭町《やずちょう》）の野田五郎助《のだごろうすけ》が天保年間《てんぽうねんかん》（1830〜1844年《ねん》）にお伊勢参《いせまい》りの帰《かえ》りに食《た》べた大和《やまと》（現在《げんざい》の奈良県《ならけん》）の御所柿《ごしょがき》がおいしく、その種《たね》をもちかえって植《う》えたのがはじまりといわれる。

二十世紀《にじっせいき》なし

「二十世紀《にじっせいき》なし」の国内生産量《こくないせいさんりょう》は鳥取県《とっとりけん》が50%をしめている。千葉県《ちばけん》でうまれた二十世紀《にじっせいき》なしの苗木《なえぎ》10本《ぽん》を鳥取市《とっとりし》の北脇永治《きたわきえいじ》が1904（明治《めいじ》37）年《ねん》に購入《こうにゅう》して栽培《さいばい》したのがはじまり。

二十世紀《にじっせいき》なしの歴史《れきし》

1888（明治《めいじ》21）年《ねん》に千葉県松戸市《ちばけんまつどし》に住《す》む松戸覚之《まつどかくの》助《すけ》が親類《しんるい》の裏庭《うらにわ》のゴミ捨《す》て場《ば》にはえていた小《ち》さななしの木《き》を発見《はっけん》し、これを父親《ちちおや》の経営《けいえい》するなし園《えん》で育《そだ》てたところ、10年目《ねんめ》に実《み》がなりました。果汁《かじゅう》が多《おお》く、いままでにない味《あじ》で、「二十世紀《にじっせいき》なし」と名《な》づけられました。

島根県《しまねけん》

島根県《しまねけん》の中心《ちゅうしん》となる宍道湖《しんじこ》は、大橋川《おおはしがわ》、天神川《てんじんがわ》を通《つう》じて東《ひがし》の中海《なかうみ》、さらに佐陀川《さだがわ》を通《とお》して日本海《にほんかい》に出《で》ます。佐陀川《さだがわ》は江戸時代《えどじだい》の水害《すいがい》をふせぐためにつくられた人工河川《じんこうかせん》で、この川《かわ》の設置《せっち》によって、低地《ていち》であった沿岸地域《えんがんちいき》が穀物栽培地帯《こくもつさいばいちたい》にかわりました。

黒田《くろだ》せり

山《やま》からのわき水《みず》が、せりの栽培《さいばい》にあうやわらかい土《つち》の田《た》をつくる。

黒田村《くろだむら》（現在の松江市《まつえし》黒田町《くろだちょう》）の周辺《しゅうへん》で古《ふる》くから栽培《さいばい》されている。明治時代《めいじじだい》の文献《ぶんけん》に、宍《しん》道湖《じこ》からつづく周辺《しゅうへん》の沼沢《しょうたく》に自生《じせい》していたせりをせり田《でん》で栽培《さいばい》するようになったと記載《きさい》されている。

出西《しゅっさい》しょうが

出西村《しゅっさいむら》（現在《げんざい》の出《いず》雲市《もし》）は、江戸時《えどじ》代《だい》からしょうがの産地《さんち》として知《し》られる。出西《しゅっさい》しょうがは、香《かお》りが豊《ゆた》かで独特《どくとく》のからみと歯《は》ごたえがある。薬《や》味《み》としてだけでなく、サラダとしても食《た》べられる。

秋鹿《あいか》ごぼう

本宮山《ほんぐうさん》の山腹《さんぷく》に広《ひろ》がる秋鹿《あいか》、岡本《おかもと》、大垣《おおがき》、上大《かみおお》野町内《のちょうない》の肥沃《ひよく》な粘土質《ねんどしつ》の土壌《どじょう》で栽培《さいばい》される。やわらかく、香《かお》りがよいのが特徴《とくちょう》。

西条柿《さいじょうがき》

ヘタからおしりにかけて、均等《きんとう》に4本《ほん》のみぞが入《はい》るのが特徴《とくちょう》。

松江市《まつえし》、出雲市《いずもし》などで栽培《さいばい》される柿《かき》。島根県《しまねけん》の各地《かくち》に西条柿《さいじょうがき》の古木《こぼく》があるので、古《ふる》くから栽培《さいばい》されていたことがわかる。色《いろ》、つや、香《かお》り、あまみともにすぐれた柿《かき》で、しぶみをぬくと糖度《とうど》がます。

津和野《つわの》さといも

津和野《つわの》は中央《ちゅうおう》にたたずむ青野山《あおのやま》の火山活動《かざんかつどう》により、水《みず》はけのよい火山灰土壌《かざんばいどじょう》をもつ。この土《つち》と、大《おお》きな寒暖差《かんだんさ》などの条件《じょうけん》にめぐまれ、青野山《あおのやま》のふもとにある笹山地区《ささやまちく》では、ねばりがあり、きめのこまかいさといもが栽培《さいばい》されている。

津田《つだ》かぶ

松江市津田地区《まつえしつだちく》で江戸時代後期《えどじだいこうき》から栽培《さいばい》されている。宍道湖下流《しんじこかりゅう》の肥沃《ひよく》な土地《とち》が栽培にあい、勾玉《まがたま》ににた独特《どくとく》な形《かたち》のかぶができる。つけものに利用《りよう》され、年末《ねんまつ》の贈答用《ぞうとうよう》に「津田《つだ》かぶづけ」(→23ページ) がつくられる。

伝統《でんとう》の味《あじ》をささえるこだわりの製法《せいほう》

冬《ふゆ》の出雲地方《いずもちほう》を代表《だいひょう》する野菜《やさい》である「津田《つだ》かぶ」は、11月《がつ》の冷《つめ》たい風《かぜ》がふきはじめるころに収穫《しゅうかく》されたあと、かりとった稲《いね》を干《ほ》すように木《き》わくにかけられ、天日《てんぴ》で1週間《しゅうかん》くらい干《ほ》されます。紫紅色《しこうしょく》と深緑《しんりょく》の葉《は》のコントラストが美《うつく》しいその風景《ふうけい》は、宍道湖畔《しんじこはん》の冬《ふゆ》の風物詩《ふうぶつし》ともなっています。

岡山県《おかやまけん》

土壌《どじょう》と気候《きこう》にめぐまれている岡山県《おかやまけん》では、農家《のうか》の人《ひと》びとの果実《かじつ》づくりに対《たい》する情熱《じょうねつ》と努力《どりょく》が高《たか》く、それが品質《ひんしつ》のよさにつながっています。岡山県《おかやまけん》ではこれからも個性豊《こせいゆた》かな品質《ひんしつ》の高《たか》い安全《あんぜん》で安心《あんしん》な野菜《やさい》をつくるよう、「おかやま野菜《やさい》」のブランド化《か》をすすめています。

鶴海《つるみ》なす

明治時代中期《めいじじだいちゅうき》から備前市鶴海地区《びぜんしつるみちく》で栽培《さいばい》されている。瀬戸内海《せとないかい》の海岸近《かいがんちか》くまで山《やま》がせりだしている地域《ちいき》なので、生産《せいさん》されたなすは船《ふね》で近《ちか》くの市場《いちば》まで運《はこ》ばれていた。中長形《ちゅうなががた》で、赤《あか》むらさき色《いろ》の果皮《かひ》はやわらかく、種《たね》がすくない。

衣川《きぬかわ》なす

明治時代中期《めいじじだいちゅうき》から倉敷市児島地区《くらしきしこじまちく》で栽培《さいばい》されている。瀬戸内海《せとないかい》に面《めん》した港町《みなとまち》として栄《さか》えた倉敷《くらしき》に、交易船《こうえきせん》が種《たね》をもちこんだといわれる。卵形《たまごがた》で、黒《くろ》むらさき色《いろ》の果皮《かひ》はうすく、やわらかいのが特徴《とくちょう》。

間倉《まぐら》ごぼう

第二次世界大戦前《だいにじせかいたいせんまえ》から岡山市《おかやまし》の大井《おおい》、足守地区《あしもりちく》でさかんに栽培《さいばい》されている。独特《どくとく》の歯《は》ざわりと風味《ふうみ》が人気《にんき》で、秋冬《あきふゆ》の特産品《とくさんひん》として注目《ちゅうもく》されている。

備前黒皮《びぜんくろかわ》かぼちゃ

南東部《なんとうぶ》の瀬戸内海沿岸《せとないかいえんがん》に位置《いち》する瀬戸内市牛窓地域《せとうちしうしまどちいき》で明治時代初期《めいじじだいしょき》から栽培《さいばい》されている日本《にほん》かぼちゃのなかま。ややあらめの肉質《にくしつ》だが、ねばりけがあり、味《あじ》つけがしやすい。

土居分小菜《どいぶんこな》

北部《ほくぶ》にある土居分《どいぶん》という集落《しゅうらく》で江戸時代《えどじだい》から栽培《さいばい》されてきた、野沢菜《のざわな》ににた菜《な》っ葉《ぱ》。現在《げんざい》は真庭市《まにわし》で生産《せいさん》されている。

からみが強《つよ》く、つけものに使《つか》われる。

万善《まんぜん》かぶ

県北東部《けんほくとうぶ》に位置《いち》する美作市《みまさかし》で、享保年間《きょうほうねんかん》（1716～1736年《ねん》）から栽培《さいばい》されていると伝《つた》えられる。根《ね》が牛《うし》の角《つの》のようにまがり、根《ね》の首部《しゅぶ》は赤《あか》むらさき色《いろ》で下部《かぶ》は白《しろ》。

1株《かぶ》の重《おも》さが500～600gに達《たっ》したものを収穫《しゅうかく》する。

おかねかぶら

万善《まんぜん》かぶは、別名《べつめい》を「おかねかぶら」といいます。享保年間当時《きょうほうねんかんとうじ》、「おかね」という女性《じょせい》が、このかぶでつくった酢《す》づけを代官《だいかん》に献上《けんじょう》したところ、代官《だいかん》はたいへんよろこび、お墨《すみ》つきと朱《しゅ》ぬりのさかずきを「おかね」にさずけたところから、その名《な》がついたといわれます。

広島県《ひろしまけん》

変化《へんか》に富《と》んだ自然環境《しぜんかんきょう》のなかで、それぞれの風土《ふうど》にあった野菜《やさい》を栽培《さいばい》しています。北部《ほくぶ》や中央部《ちゅうおうぶ》では米《こめ》を中心《ちゅうしん》に、なしやぶどうなどを栽培《さいばい》しています。瀬戸内海《せとないかい》の島《しま》じまや沿岸地域《えんがんちいき》では、かんきつ類《るい》の栽培《さいばい》がさかんです。とくにレモンの生産量《せいさんりょう》は日本一《にほんいち》です。

広島菜《ひろしまな》

はくさいとかぶの中間的《ちゅうかんてき》なつけ菜《な》。江戸時代《えどじだい》、参勤交代《さんきんこうたい》に同行《どうこう》した観音村《かんおんそん》（現在《げんざい》は広島市《ひろしまし》）の住人《じゅうにん》が、帰《かえ》りの道中《どうちゅう》、京都本願寺《きょうとほんがんじ》に参詣《さんけい》し、種《たね》をゆずりうけて栽培《さいばい》したのがはじまりといわれる。明治時代《めいじじだい》のはじめにふたたび京都《きょうと》から原種《げんしゅ》の株《かぶ》を取《と》りよせ、品種改良《ひんしゅかいりょう》し、現在《げんざい》に近《ちか》い形《かたち》になった。

広島県《ひろしまけん》の名物料理《めいぶつりょうり》「カキ舟《ぶね》」の最後《さいご》の茶《ちゃ》づけには広島《ひろしま》菜《な》がそえられるのが定番《ていばん》になっている。

広島《ひろしま》わけぎ

わけぎの生産量《せいさんりょう》全国一《ぜんこくいち》をほこる。

向島町《むかいしまちょう》（現在《げんざい》は尾道市《おのみちし》）と三原市《みはらし》木原町《きはらちょう》で明治時代《めいじじだい》から栽培《さいばい》されている。わけぎの育成《いくせい》にあう水《みず》はけのいい土《つち》や風土《ふうど》と、農業技術《のうぎょうぎじゅつ》センターのサポートにより、ほぼ1世紀《せいき》にわたり栽培《さいばい》がつづいている。

深川早生《ふかがわわせ》いも

広島市《ひろしまし》の深川地区《ふかがわちく》でつくりつがれる小《ちい》さめのさといも。きめがこまかくやわらかいのが特徴《とくちょう》。お盆《ぼん》からお月見《つきみ》にかけて早《はや》ぼりし、秋《あき》の風味《ふうみ》を味《あじ》わう季節《きせつ》の野菜《やさい》。

観音《かんおん》ねぎ

広島市《ひろしまし》の南観音地区《みなみかんおんちく》でおもに栽培《さいばい》されている葉《は》ねぎ。明治時代中期《めいじじだいちゅうき》に京都《きょうと》の九条《くじょう》ねぎ（→64ページ）をもとに改良《かいりょう》をかさねた。肥沃《ひよく》で水《みず》はけのよい土地《とち》がねぎの栽培《さいばい》に適《てき》し、やわらかく良質《りょうしつ》のねぎになった。

青大《あおだい》きゅうり

大正時代初期《たいしょうじだいしょき》から福山市草戸町《ふくやましくさどちょう》を中心《ちゅうしん》に栽培《さいばい》されている大形《おおがた》のきゅうり。1個《こ》の重《おも》さが1kgにもなり、地元《じもと》では「どぶうり」とよばれている。果実《かじつ》は歯《は》ごたえがあり、あまみとねばりが強《つよ》い。あさづけやサラダなどで使《つか》われる。

笹木三月子《ささきさんがつこ》だいこん

「三月子《さんがつこ》だいこん」と「聖護院《しょうごいん》だいこん（→64ページ）」を交配《こうはい》してつくられた丸《まる》いだいこん。肉質《にくしつ》が緻密《ちみつ》で煮《に》くずれがすくないので、おでんやふろふきだいこんなどに使《つか》われる。

山口県《やまぐちけん》

山口県《やまぐちけん》の伝統野菜《でんとうやさい》を見《み》てみると、下関地域《しものせきちいき》の伝統野菜《でんとうやさい》は中国色《ちゅうごくしょく》が強《つよ》く、萩《はぎ》や岩国《いわくに》には、またことなる歴史《れきし》がかいまみられます。伝統野菜以外《でんとうやさいいがい》にも個性豊《こせいゆた》かな野菜《やさい》が多《おお》く、中国野菜《ちゅうごくやさい》のサイシンとブロッコリーを交配《こうはい》した「はなっこりー」など、「やまぐちこだわり野菜《やさい》」の育成《いくせい》にも力《ちから》を入《い》れています。

萩《はぎ》ごぼう

1868（明治元《めいじがん》）年《ねん》には萩市沖原《はぎしおきはら》を中心《ちゅうしん》に栽培《さいばい》されていて、原産《げんさん》は萩市《はぎし》ではないかと考《かんが》えられているごぼう。首《くび》の部分《ぶぶん》が非常《ひじょう》に細《ほそ》く、胴《どう》が太《ふと》くなり、先《さき》がふたたび細《ほそ》くなる「どじょう口《くち》」といわれる形状《けいじょう》。長《なが》さは50cm前後《ぜんご》で、やわらかく、香《かお》りが強《つよ》いのが特徴《とくちょう》。

岩国赤《いわくにあか》だいこん

外観《がいかん》は赤《あか》いが、なかは白《しろ》い。

岩国市《いわくにし》の望《のぞ》む錦見地区《にしみちく》で栽培《さいばい》されている赤《あか》いだいこん。日清戦争後《にっしんせんそうご》、中国《ちゅうごく》からもちかえった中国《ちゅうごく》だいこんのなかで赤《あか》いだいこんを栽培《さいばい》したのがはじまりといわれる。やわらかくてしまりがあり、からみがすくないので生《なま》でも食《た》べられる。

田屋《たや》なす

山口県《やまぐちけん》の方言《ほうげん》で「びっくりする」ことを「たまげる」という。

1個《こ》600～800gにもなる大形《おおがた》のなす。長門市田屋《ながとしたや》で栽培《さいばい》されていたが、昭和《しょうわ》50年代《ねんだい》に萩市《はぎし》に種《たね》が移《うつ》り、そちらで栽培《さいばい》されるようになった。500g以上《いじょう》の大《おお》きなものは「萩《はぎ》たまげなす」の名《な》で売《う》られる。果肉《かにく》がやわらかく、焼《や》きなすや田楽《でんがく》に向《む》く。

彦島春菜《ひこしまはるな》

下関近郊《しものせききんこう》の彦島《ひこしま》で栽培《さいばい》されている。明治時代後《めいじじだいこう》半《はん》に小倉市《こくらし》から種《たね》を購入《こうにゅう》して栽培《さいばい》が始《はじ》まったという説《せつ》と、長崎《ながさき》はくさいを改良《かいりょう》したという説《せつ》がある。葉《は》に独特《どくとく》のちぢれがあり、つけものに向《む》く。

とっくりだいこん

瀬戸内海《せとないかい》に面《めん》した徳山市《とくやまし》、周南市《しゅうなんし》の沿岸部《えんがんぶ》を中心《ちゅうしん》に栽培《さいばい》されているとっくり形《がた》をした小形《こがた》のだいこん。明治時代《めいじじだい》から昭和時代初期《しょうわじだいしょき》まで、このだいこんを粕《かす》づけにした「徳山《とくやま》たくあんづけ」が京阪神《けいはんしん》や関東《かんとう》へ出荷《しゅっか》されていた。からみが強《つよ》いので、生《なま》で食《た》べるのには向《む》かない。

徳佐《とくさ》うり

県北東部《けんほくとうぶ》の山口市徳佐地区《やまぐちしとくさちく》で栽培《さいばい》されているしろうり。明治時代初期《めいじじだいしょき》に徳佐村《とくさそん》の住人《じゅうにん》が四国《しこく》の金比羅参《こんぴらまい》りの帰《かえ》りに買《か》ったつけうりの種《たね》を栽培《さいばい》したのがはじまりといわれる。肉質《にくしつ》が厚《あつ》く、しまっていて、奈良《なら》づけやあさづけに向《む》く。

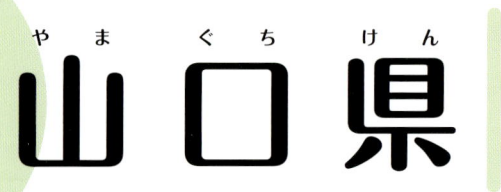

徳《とく》島《しま》県《けん》

肥沃《ひよく》な沖積土《ちゅうせきど》や砂地畑《すなじばた》を生《い》かして、個性豊《こせいゆた》かな野菜《やさい》を栽培《さいばい》しています。「なると金時《きんとき》」をはじめ、にんじん、れんこんなどが「なるとブランド野菜《やさい》」として質《しつ》の高《たか》さをほこっています。日本料理《にほんりょうり》の味《あじ》わいを豊《ゆた》かにする「すだち」も、徳島県《とくしまけん》を代表《だいひょう》する食材《しょくざい》のひとつです。

阿波《あわ》みどり

しろうりの一種《いっしゅ》。吉野川下流域《よしのがわかりゅういき》で栽培《さいばい》されている。昭和時《しょうわじ》代初期《だいしょき》に奈良《なら》づけ用《よう》に導入《どうにゅう》されたしろうりを品種改良《ひんしゅかいりょう》し、優《ゆう》良系統《りょうけいとう》を選抜《せんばつ》。1959（昭和《しょうわ》34）年《ねん》にこの名《な》がついた。

なると金時《きんとき》

海《うみ》のミネラルをふくんだ砂地《すなち》で独特《どくとく》の栽培方法《さいばいほうほう》によって育《そだ》てられる。

徳島県《とくしまけん》のブランド野菜《やさい》のさつまいも。鳴門海峡《なるとかいきょう》に近《ちか》く、砂地《すなち》のある一帯《いったい》でつくられている。金時豆《きんときまめ》のようにあざやかな紅《べに》色《いろ》の皮《かわ》と、栗《くり》のようなホクホクしたあまみが特徴《とくちょう》。

美馬太《みまふと》きゅうり

一般《いっぱん》には流通《りゅうつう》せず、市内《しない》の直売所《ちょくばいじょ》などで販売《はんばい》される。

徳島県美馬市《とくしまけんみまし》に伝《つた》えられてきたきゅうり。うりのように見《み》えるほど太《ふと》く丸《まる》い形《かたち》をしている。重《おも》さは約《やく》500～800gもあり、煮《に》たり炒《いた》めたりしても形《かたち》がくずれにくいのが特徴《とくちょう》。

すだち

徳島県《とくしまけん》の特産品《とくさんひん》。阿南市《あなんし》には樹齢《じゅれい》400年以上《ねんいじょう》の古木《こぼく》がある。ゆずににているが、香《かお》りがよりさわやかで、高級調味料《こうきゅうちょうみりょう》として使《つか》われる。

ごうしゅいも

皮《かわ》の色《いろ》によって大《おお》きく「白《しろ》いも」と「赤《あか》いも」にわかれるが、大半《たいはん》は白《しろ》いも。

1860（万延元《まんえんがん》）年《ねん》ごろから県西部《けんせいぶ》の山地《さんち》、剣山周辺《つるぎさんしゅうへん》の山間部《さんかんぶ》だけでつくられているじゃがいも。小《ちい》さめだが、肉質《にくしつ》がしまっていてあまい。煮《に》くずれしにくいので、煮《に》ものに向《む》いている。「源平《げんぺい》いも」の名《な》で商品化《しょうひんか》されている。

れんこん

吉野川下流域《よしのがわかりゅういき》を中心《ちゅうしん》に、収穫量《しゅうかくりょう》は全国《ぜんこく》2位《い》。1位《い》は関東《かんとう》の茨城県《いばらきけん》で、シャキシャキした食感《しょっかん》をたのしむ。徳島《とくしま》のれんこんは、「シャキシャキとホクホク」の食感《しょっかん》をたのしめるという。

香川県《かがわけん》

温暖《おんだん》な香川県《かがわけん》では、品質《ひんしつ》のいい野菜《やさい》や果実《かじつ》を栽培《さいばい》できます。小豆島《しょうどしま》は日本《にほん》ではじめてオリーブの営利栽培《えいりさいばい》に成功《せいこう》した地《ち》で、オリーブの塩《しお》づけは、香川県《かがわけん》の名産品《めいさんひん》です。輪切《わぎ》りの金時《きんとき》にんじんを入《い》れた「あんもち雑煮《ぞうに》」や、万葉《まんば》の炒《いた》めもの「雪花《せっか》」など独特《どくとく》の郷土食《きょうどしょく》もあります。

万葉《まんば》

くずしたとうふといっしょに炒《いた》め煮《に》にしたり、おひたしにしたりして食《た》べる。

讃岐地方《さぬきちほう》の農家《のうか》で一年《いちねん》じゅう自家用《じかよう》につくっている高菜《たかな》のなかま。別名《べつめい》「百花《ひゃっか》」。四国八十八《しこくはちじゅうはっ》カ所《しょ》を巡拝《じゅんぱい》する四国巡礼《しこくじゅんれい》の接待用《せったいよう》うどんにのせてふるまっていた。

三豊《みとよ》なす

県西部《けんせいぶ》の三豊市《みとよし》で栽培《さいばい》される丸《まる》なす。奈良時《ならじ》代《だい》に中国《ちゅうごく》から伝《つた》わり、全国で栽培されたなかから選抜した。大《おお》きさはふつうのなすの3倍《ばい》くらいで、1個《こ》250g以上《いじょう》になる。

皮《かわ》はやわらかく、焼《や》きなすや煮《に》ものに向《む》く。

オリーブ

1908（明治《めいじ》41）年《ねん》、当時《とうじ》の農《のう》商務省《しょうむしょう》が、三重《みえ》、鹿児島《かごしま》、香川《かがわ》の3県《けん》でアメリカから輸入《ゆにゅう》した苗《なえ》木《ぎ》を使《つか》って試作《しさく》をおこなったのがはじまり。小豆島《しょうどしま》の西村地区《にしむらちく》に植《う》えたオリーブだけが順調《じゅんちょう》に育《そだ》ち、栽培《さいばい》がつづけられるようになった。オリーブオイルだけでなく、葉《は》を使《つか》ったお茶《ちゃ》のほか、化《け》粧品《しょうひん》など、さまざまな形《かたち》で親《した》しまれている。

にんにく

青森県《あおもりけん》に次《つ》いで全国《ぜんこく》2位《い》の生産量《せいさんりょう》をほこる。1971（昭和《しょうわ》46）年《ねん》ごろより、県中西部《けんちゅうせいぶ》に位置《いち》する仲多度《なかたど》地区《ちく》で栽培《さいばい》が始《はじ》まり、急速《きゅうそく》にのびた。

こんぴらさんで知《し》られる琴《こと》平町《ひらちょう》も主要《しゅよう》な産地《さんち》。

金時《きんとき》にんじん

年《とし》の瀬《せ》も近《ちか》づくと、八百屋《やおや》さんの店頭《てんとう》やスーパーマーケットの野菜売《やさいう》り場《ば》にならぶ。

瀬戸内海《せとないかい》に面《めん》した坂出市《さかいでし》、観音寺市《かんおんじし》などで栽培《さいばい》される東洋系《とうようけい》の赤《あか》いにんじん。1905（明治《めいじ》38）年《ねん》、高松市《たかまつし》で始《はじ》まったにんじんの栽《さい》培《ばい》が瀬戸内海側《せとないかいがわ》の沿岸砂質土《えんがんさしつど》の近郊園芸《きんこうえんげい》として広《ひろ》まり、1955（昭《しょう》和《わ》30）年《ねん》ごろから作《さく》つけが定着《ていちゃく》した。長《なが》さは30cm前後《ぜんご》で、しんまであざやかな紅色《べにいろ》をしているのが特徴《とくちょう》。

香川本鷹《かがわほんたか》

長《なが》さが7～8cmと、大《おお》きめ。

三豊市荘内半島《みとよししょうないはんとう》で栽培《さいばい》されているとうがらし。讃岐《さぬき》の塩飽水軍《しわくすいぐん》が、朝鮮出兵《ちょうせんしゅっぺい》のときに豊臣秀吉《とよとみひでよし》から拝領《はいりょう》したものと伝《つた》えられる。からみが強《つよ》く、「讃岐《さぬき》の味三傑《あじさんけつ》」といわれる「うどん」、「しょうゆ豆《まめ》」、「フナのてっぱい（フナを使《つか》った郷土料理《きょうどりょうり》）」にはかかせない。

愛媛県《えひめけん》

伊予柑《いよかん》をはじめ、かんきつ類《るい》の宝庫《ほうこ》といわれるのが愛媛県《えひめけん》です。とくに宇和島市《うわじまし》や瀬戸内海《せとないかい》の島《しま》じまでは栽培《さいばい》がさかんで、伊予柑《いよかん》やぽんかんは生産量《せいさんりょう》が日本一《にほんいち》です。江戸時代末期《えどじだいまっき》に伊勢参《いせまい》りや四国巡礼《しこくじゅんれい》で手《て》に入《い》れたみかんの苗木《なえぎ》を宇和島市内《うわじましない》に植《う》えたのがはじまりといわれています。

清水一寸《しみずいっすん》そら豆《まめ》

なかの豆《まめ》の形《かたち》は下《しも》ぶくれの「お多福《たふく》」のよう。

松山城《まつやまじょう》の見《み》えるはんいでないとよく育《そだ》たないといわれる大《おお》つぶのそら豆《まめ》。明治時代初期《めいじじだいしょき》、大阪《おおさか》の南河内《みなみかわち》で栽培《さいばい》されていた「河内一寸《かわちいっすん》」が松山市《まつやまし》の北部《ほくぶ》へ導入《どうにゅう》されたといわれる。ひとつぶの重《おも》さが6.5gくらいで長《なが》さが３cm前後《ぜんご》。

庄《しょう》だいこん

北条市《ほうじょうし》（現在《げんざい》は松山市《まつやまし》）の庄地区《しょうちく》で江戸時代《えどじだい》から栽培《さいばい》されているだいこん。根《ね》は尻《しり》づまりのだ円形《えんけい》で、根首《ねくび》から３分《ぶん》の１くらいまでは赤《あか》むらさき色《いろ》をしている。青首《あおくび》だいこんよりもあまく、つけものに使《つか》われる。

伊予緋《いよひ》かぶ

そのむかし、松山城《まつやまじょう》の見《み》える畑《はたけ》でないとよく育《そだ》たないといわれていたほど、松山《まつやま》の味《あじ》とされているかぶ。江戸時代《えどじだい》に取《と》りよせた滋賀県《しがけん》の「日野菜《ひのな》」(→63ページ)がルーツと考《かんが》えられている。葉柄《ようへい》や葉脈《ようみゃく》はあざやかなむらさき色《いろ》で、扁球形《へんきゅうけい》の根《ね》は紫紅色《しこうしょく》をしている。つけものなど加《か》工用《こうよう》に使《つか》われる。

伊予美人《いよびじん》

県農業試験場《けんのうぎょうしけんじょう》が開発《かいはつ》した愛媛県《えひめけん》オリジナルの新品種《しんぴんしゅ》のさといも。宇摩地域《うまちいき》で1625（寛永《かんえい》２）年《ねん》ごろから栽培《さいばい》されてきたさといも「女早生《おんなわせ》」を改良《かいりょう》して、さらにねばりとあまみのあるものをつくった。

絹皮《きぬかわ》なす

西条市《さいじょうし》でつくりつがれてきた丸《まる》なす。その形《かたち》から「ぼてなす」とよばれ、親《した》しまれてきた。絹《きぬ》のようななめらかでうすい皮《かわ》につつまれ、果実《かじつ》がみずみずしいのが特徴《とくちょう》。

伊予《いよ》の蜜柑《みかん》だから「伊予柑《いよかん》」

愛媛県《えひめけん》を代表《だいひょう》するかんきつ類《るい》のひとつが「伊予柑《いよかん》」です。もともとは明治時代《めいじじだい》に山口県《やまぐちけん》の萩市《はぎし》で発見《はっけん》されたといわれ、その後《ご》、松山市持田《まつやましもちだ》の庄屋《しょうや》の息子《むすこ》によって栽培《さいばい》され、松山《まつやま》を中心《ちゅうしん》に拡大《かくだい》。伊予《いよ》の国《くに》(愛媛県《えひめけん》)でつくられていることから「伊予《いよ》みかん」というよび名《な》で出荷《しゅっか》されていましたが、愛媛県産《えひめけんさん》の「温州《うんしゅう》みかん」と混同《こんどう》されることから、1930（昭和《しょうわ》５）年《ねん》に現在《げんざい》の名前《なまえ》に落《お》ち着《つ》きました。1955年《ねん》には松山市《まつやまし》の宮内《みやうち》で新品種《しんぴんしゅ》の「宮内伊予柑《みやうちいよかん》」が発見《はっけん》されています。

高知県《こうちけん》

古《ふる》くからハウスなどの施設《しせつ》を利用《りよう》した促成栽培《そくせいさいばい》を試《こころ》みていた高知県《こうちけん》では、地方品種《ちほうひんしゅ》としてあるのは、なすの「十市《とおち》」「初月《みかづき》」、かぶの「弘岡《ひろおか》」、ピーマンの「昌介《しょうすけ》」の4種《しゅ》だけです。なかでもなすは品質《ひんしつ》もよく、日本《にほん》一《いち》の生産量《せいさんりょう》をほこります。

十市《とおち》なす

高知県《こうちけん》のなす栽培《さいばい》は、1821（文政《ぶんせい》4）年《ねん》に始《はじ》まったといわれている。小《こ》なすで知《し》られる十市《とおち》なすは、1935（昭和《しょうわ》10）年《ねん》に南国市十市《なんこくしとおち》の山本浅吉《やまもとあさきち》によって育成《いくせい》された品種《ひんしゅ》。ひとくちサイズの卵形《たまごがた》で、光沢《こうたく》があり皮《かわ》はうすく、実《み》はかたい。天《てん》ぷらや煮《に》もの、つけものに向《む》く。

十市在来《とおちざいらい》ししとう

高知県《こうちけん》のししとうの起源《きげん》は、京都《きょうと》の「田中《たなか》ししとう」にあるといわれる。

高知県《こうちけん》のししとうは、1938（昭和《しょうわ》13）年《ねん》に和歌山県《わかやまけん》から高《こう》知県南国市前浜《ちけんなんこくしまえはま》へ移住《いじゅう》した人《ひと》がもってきたのがはじまりといわれる。高知県園芸試験場《こうちけんえんげいしけんじょう》が品種改良《ひんしゅかいりょう》をおこない、海岸部《かいがんぶ》から選抜《せんばつ》したものを「十市在来《とおちざいらい》ししとう」と命名《めいめい》。長《なが》さ5〜6cm、直径《ちょっけい》1.1〜1.5 cmの円筒形《えんとうけい》。

みょうが

日本原産《にほんげんさん》の野菜《やさい》。北海道《ほっかいどう》から沖縄《おきなわ》まで自生《じせい》しているが、高《こう》知県《ちけん》はハウス栽培《さいばい》で一年《いちねん》を通《とお》して出荷《しゅっか》し、ハウスみょうがは全国一《ぜんこくいち》の生産量《せいさんりょう》をほこる。とくに県中西部《けんちゅうせいぶ》の須崎地域《すさきちいき》で多《おお》く収穫《しゅうかく》されている。

入河内《にゅうがうち》だいこん

安芸市入河内地区《あきしにゅうがうちちく》で栽培《さいばい》されているだいこん。入河内地区《にゅうがうちちく》に、平家《へいけ》の落人《おちうど》がもちこんだという伝説《でんせつ》がある。地上《ちじょう》に出《で》た部分《ぶぶん》が赤《あか》むらさき色《いろ》で、重《おも》さは一般的《いっぱんてき》な青首《あおくび》だいこんの2〜3倍《ばい》にもなる。

土佐《とさ》ぶんたん

原木《げんぼく》は、1929（昭和《しょうわ》4）年《ねん》に開設《かいせつ》された高知県農事試験場《こうちけんのうじしけんじょう》に植《う》えられた「法元《ほうげん》ぶんたん」。1943（昭和《しょうわ》18）年《ねん》に土佐市宮ノ内《とさしみやうち》の宮地農園《みやじのうえん》が苗木《なえぎ》をゆずりうけ、改良《かいりょう》をかさねて特産物《とくさんぶつ》につくりあげた。1玉《たま》1kg以上《いじょう》もある大玉《おおだま》で、上品《じょうひん》なあまさと酸味《さんみ》のバランスがよく、みずみずしいのが特徴《とくちょう》。

はすいも

須崎市《すさきし》、室戸市《むろとし》、南国市《なんこくし》などで栽培《さいばい》されているさといもの一種《いっしゅ》。いもの部分《ぶぶん》は食《た》べず、葉柄《ようへい》を食《た》べる。一般的《いっぱんてき》な葉柄《ようへい》は赤《あか》い色《いろ》をしているが、はすいもは緑《みどり》色《いろ》。皮《かわ》をむいてからゆでたり、生《なま》のまま食《た》べる。

九州《きゅうしゅう》・沖縄《おきなわ》地方《ちほう》

気候《きこう》・風土《ふうど》と農作物《のうさくぶつ》

福岡県《ふくおかけん》
面積《めんせき》：4,986km²（全国《ぜんこく》29位《い》）
人口《じんこう》：509万人《まんにん》（全国《ぜんこく》9位《い》）
県花《けんか》：ウメ
県鳥《けんちょう》：ウグイス

佐賀県《さがけん》
面積《めんせき》：2,441km²（全国《ぜんこく》42位《い》）
人口《じんこう》：84万人《まんにん》（全国《ぜんこく》42位《い》）
県花《けんか》：クス
県鳥《けんちょう》：カササギ

長崎県《ながさきけん》
面積《めんせき》：4,132km²（全国《ぜんこく》37位《い》）
人口《じんこう》：139万人《まんにん》（全国《ぜんこく》29位《い》）
県花《けんか》：ウンゼンツツジ
県鳥《けんちょう》：オシドリ

熊本県《くまもとけん》
面積《めんせき》：7,409km²（全国《ぜんこく》15位《い》）
人口《じんこう》：179万人《まんにん》（全国《ぜんこく》23位《い》）
県花《けんか》：リンドウ
県鳥《けんちょう》：ヒバリ

大分県《おおいたけん》
面積《めんせき》：6,341km²（全国《ぜんこく》22位《い》）
人口《じんこう》：117万人《まんにん》（全国《ぜんこく》33位《い》）
県花《けんか》：ブンゴウメ
県鳥《けんちょう》：メジロ

宮崎県《みやざきけん》
面積《めんせき》：7,735km²（全国《ぜんこく》14位《い》）
人口《じんこう》：111万人《まんにん》（全国《ぜんこく》36位《い》）
県花《けんか》：ハマユウ
県鳥《けんちょう》：コシジロヤマドリ

鹿児島県《かごしまけん》
面積《めんせき》：9,188km²（全国《ぜんこく》10位《い》）
人口《じんこう》：167万人《まんにん》（全国《ぜんこく》24位《い》）
県花《けんか》：ミヤマキリシマ
県鳥《けんちょう》：ルリカケス

沖縄県《おきなわけん》
面積《めんせき》：2,281km²（全国《ぜんこく》44位《い》）
人口《じんこう》：142万人《まんにん》（全国《ぜんこく》25位《い》）
県花《けんか》：デイゴ
県鳥《けんちょう》：ノグチゲラ

※人口《じんこう》は平成《へいせい》26年《ねん》10月《がつ》1日現在《ついたちげんざい》

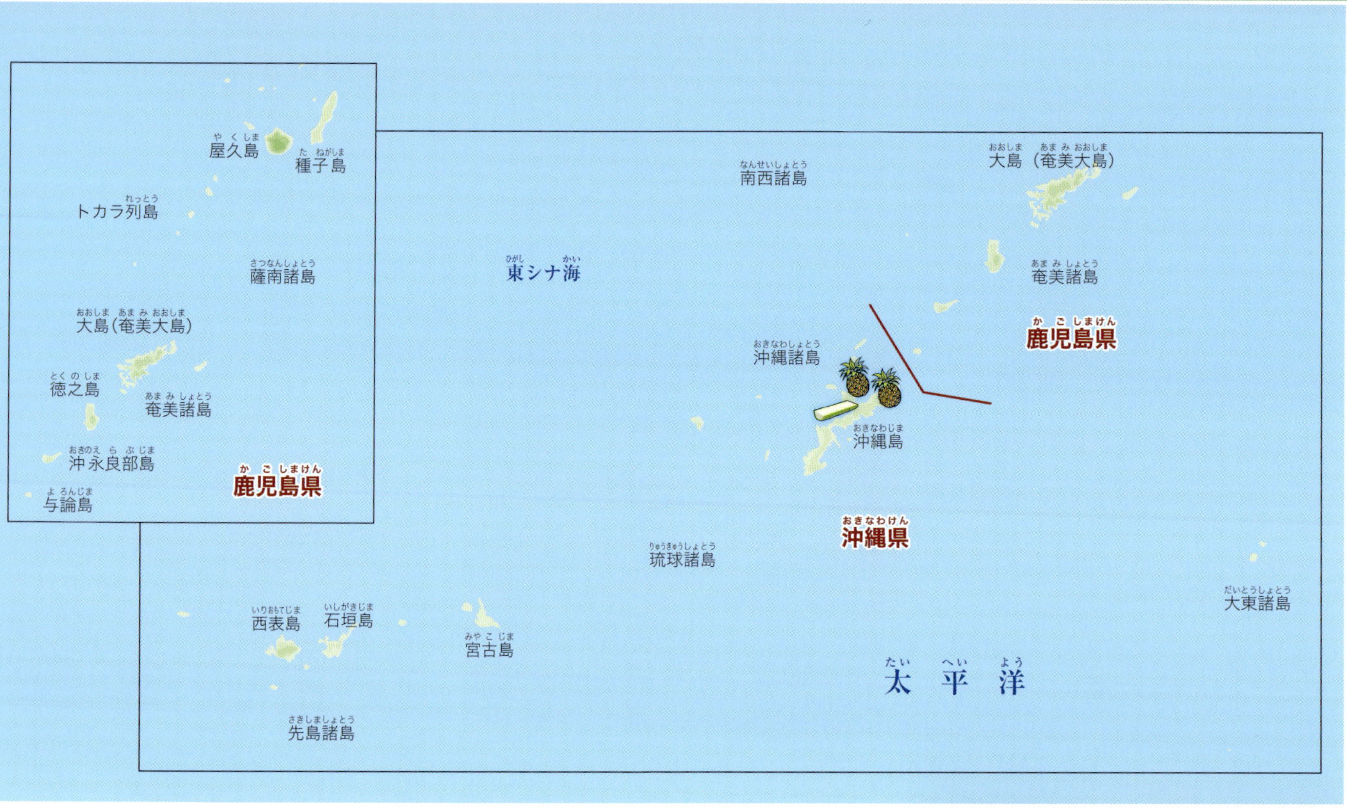
屋久島《やくしま》
種子島《たねがしま》
トカラ列島《れっとう》
薩南諸島《さつなんしょとう》
大島《おおしま》（奄美大島《あまみおおしま》）
徳之島《とくのしま》
奄美諸島《あまみしょとう》
沖永良部島《おきのえらぶじま》
与論島《よろんじま》
鹿児島県《かごしまけん》
南西諸島《なんせいしょとう》
東《ひがし》シナ海《かい》
沖縄諸島《おきなわしょとう》
沖縄島《おきなわじま》
沖縄県《おきなわけん》
琉球諸島《りゅうきゅうしょとう》
西表島《いりおもてじま》
石垣島《いしがきじま》
宮古島《みやこじま》
先島諸島《さきしましょとう》
太《たい》　平《へい》　洋《よう》
大島《おおしま》（奄美大島《あまみおおしま》）
奄美諸島《あまみしょとう》
鹿児島県《かごしまけん》
大東諸島《だいとうしょとう》

夏《なつ》みかん
かぼす
びわ
パイナップル
すいか
いちご
トマト
きゅうり
ピーマン
さつまいも
じゃがいも
さといも
さとうきび
たけのこ
干《ほ》ししいたけ
カツオ節《ぶし》
のり
肉用牛《にくようぎゅう》
豚《ぶた》
茶《ちゃ》

福岡県《ふくおかけん》

福岡県《ふくおかけん》は海《うみ》も山《やま》も平野《へいや》もあり、古《ふる》くから海《うみ》の幸《さち》、山《やま》や野《の》の幸《さち》にめぐまれています。温暖《おんだん》な気候条件《きこうじょうけん》を生《い》かした秋冬野菜《あきふゆやさい》の品目《ひんもく》が多《おお》く、港町《みなとまち》、城下町《じょうかまち》、商業《しょうぎょう》の町《まち》として人《ひと》と人《ひと》との交流《こうりゅう》がさかんな時代《じだい》に特産化《とくさんか》された野菜《やさい》も多《おお》くうまれています。

福岡市内《ふくおかしない》にある西新商店街《にしじんしょうてんがい》の名物《めいぶつ》「リヤカー部隊《ぶたい》」。福岡近郊《ふくおかきんこう》でとれた野菜《やさい》やくだもの、つけものなどをリヤカーにのせて販売《はんばい》する。

佐賀県《さがけん》

北《きた》は玄界灘《げんかいなだ》、南《みなみ》は有明海《ありあけかい》に面《めん》している佐賀県《さがけん》は、北部《ほくぶ》は比較的《ひかくてき》あらい日本海側気候《にほんかいがわきこう》で、南部《なんぶ》はおだやかな内陸性《ないりくせい》の気候《きこう》です。野菜《やさい》の産地化《さんちか》の歴史《れきし》はあさく、1970（昭和《しょうわ》45）年《ねん》に始《はじ》まったといわれています。現在《げんざい》の野菜《やさい》の主産地《しゅさんち》は、有明海《ありあけかい》の干拓事業《かんたくじぎょう》によってできた耕地《こうち》です。入植者《にゅうしょくしゃ》は明治《めいじ》、大正《たいしょう》、昭和《しょうわ》にわたり、おもに水田《すいでん》をつくり、穀倉地帯《こくそうちたい》を広《ひろ》げてきました。

県内《けんない》には棚田《たなだ》が数多《かずおお》く点在《てんざい》している。棚田《たなだ》は洪水《こうずい》や土砂《どしゃ》くずれをふせぐ役割《やくわり》もはたす。玄海町《げんかいちょう》にある浜野浦《はまのうら》の棚田《たなだ》。

長崎県《ながさきけん》

長崎県《ながさきけん》は、多《おお》くの半島《はんとう》と900以上《いじょう》の島《しま》じまによって構成《こうせい》されています。長崎《ながさき》や佐世保《させぼ》の二大港湾《にだいこうわん》をはじめ、多《おお》くの港《みなと》があります。古《ふる》くから中国《ちゅうごく》やオランダとの交流《こうりゅう》もあり、長崎《ながさき》ならではの食文化《しょくぶんか》が育《そだ》っています。

火山灰《かざんばい》などの影響《えいきょう》で、島原半島地域《しまばらはんとうちいき》で栽培《さいばい》できる農作物《のうさくぶつ》はじゃがいもなどの根菜類《こんさいるい》。秋《あき》には、じゃがいもの収穫祭《しゅうかくさい》がおこなわれる。

熊本県《くまもとけん》

九州山地《きゅうしゅうさんち》から流《なが》れる大《おお》きな川《かわ》が熊《くま》本平野《もとへいや》、菊池平野《きくちへいや》、八代平野《やつしろへいや》をうるおし、豊《ゆた》かな農作物《のうさくぶつ》を育《そだ》てる肥沃《ひよく》な土地《とち》をつくっています。気候《きこう》も比較的《ひかくてき》温暖《おんだん》で、さまざまな農作物《のうさくぶつ》が栽培《さいばい》されています。

かんきつ類《るい》のひとつデコポン（「不知火《しらぬい》」）は、「ポンカン」と「清美《きよみ》」の交配《こうはい》でつくられた品種《ひんしゅ》。熊本県《くまもとけん》の不知火町《しらぬいちょう》（現在《げんざい》の不知火《しらぬい》）で生産《せいさん》が始《はじ》められ、全国《ぜんこく》に広《ひろ》まった。デコポンは、不知火《しらぬい》のなかで一定《いってい》の基準《きじゅん》をみたしたもので、登録商標《とうろくしょうひょう》となっている。

大分県《おおいたけん》

南東部《なんとうぶ》は太平洋側気候《たいへいようがわきこう》の南海型《なんかいがた》で、西《にし》・中南部《ちゅうなんぶ》の山地地方《さんちちほう》は山岳気候《さんがくきこう》、瀬戸内海《せとないかい》に面《めん》する地域《ちいき》は温暖《おんだん》な瀬戸《せと》内式気候《うちしききこう》と特徴《とくちょう》があります。大分平《おおいたへい》野《や》はあるものの、複雑《ふくざつ》な地形《ちけい》なので耕作地《こうさくち》には制限《せいげん》があり、各農家《かくのうか》の耕《こう》作規模《さくきぼ》は小《ちい》さいですが、特色《とくしょく》ある農《のう》業《ぎょう》をいとなんでいます。

日田市前津江《ひたしまえつえ》、中津江《なかつえ》、上津江《かみつえ》は、夏《なつ》でもすずしい気候《きこう》を生《い》かした九州一《きゅうしゅういち》のわさび産地《さんち》。筑後川《ちくごがわ》の源《げん》流域《りゅういき》で、むかしから水辺《みずべ》にわさびが自生《じせい》していた。

宮崎県《みやざきけん》

宮崎県《みやざきけん》の75％は山地《さんち》がしめています。海《うみ》ぞいの平野部《へいやぶ》から海抜《かいばつ》1000mの九州山地《きゅうしゅうさんち》の付近《ふきん》まで、標《ひょう》高差《こうさ》のある農地《のうち》を使《つか》って農作物《のうさくぶつ》が栽《さい》培《ばい》されています。東《ひがし》は太平洋《たいへいよう》に面《めん》しているので気候《きこう》は温暖《おんだん》で、平野部《へいやぶ》は水《みず》資源《しげん》にめぐまれています。

標高差《ひょうこうさ》のある農地《のうち》で、さまざまな野菜《やさい》が育《そだ》てられている。

鹿児島県《かごしまけん》

九州《きゅうしゅう》の南端《なんたん》に位置《いち》する鹿児島県《かごしまけん》は、薩摩半島《さつまはんとう》、大隅半島《おおすみはんとう》と屋久島《やくしま》、種子《たねが》島《しま》、奄美大島《あまみおおしま》など605もの島《しま》が点《てん》在《ざい》しています。気候《きこう》は温帯気候帯《おんたいきこうたい》から亜熱帯気候帯《あねったいきこうたい》まで、広範囲《こうはんい》な影響《えいきょう》を受《う》けています。とくに初夏《しょか》から秋《あき》にかけては台風《たいふう》に見舞《みま》われ、農作物《のうさくぶつ》への被害《ひがい》が多《おお》いこともあります。

種子島《たねがしま》の安納地区《あんのうちく》で栽培《さいばい》されたのがはじまりという「安納《あんのう》いも」。ミネラルをふくんだ潮風《しおかぜ》とあたたかい太陽《たいよう》のめぐみに育《そだ》てられる。紅色《べにいろ》が「安納紅《あんのうべに》」、あわい黄色《きいろ》が「安納《あんのう》こがね」（→91ページ）。

沖縄県《おきなわけん》

日本列島《にほんれっとう》の南西《なんせい》に位置《いち》する沖縄県《おきなわけん》は、沖縄島《おきなわじま》、宮古島《みやこじま》、西表島《いりおもてじま》をはじめ、大小《だいしょう》363の島《しま》じまからなりたっています。亜熱帯気候《あねったいきこう》に属《ぞく》する地域《ちいき》で、暑《あつ》く雨《あめ》の多《おお》い風土《ふうど》に自生《じせい》する沖縄独《おきなわどく》特《とく》の野菜《やさい》を栽培《さいばい》しつづけています。

沖縄《おきなわ》の方言《ほうげん》で「ウージ」とよばれるさとうきびは、県内《けんない》でいちばん多《おお》く栽培《さいばい》されている作物《さくもつ》。さとうをつくったり、しぼりかすや、とうみつなどにも利用《りよう》されている。

福岡県《ふくおかけん》

めぐまれた自然環境《しぜんかんきょう》のなかで、さまざまな農業《のうぎょう》を展開《てんかい》。「博多新《はかたしん》ごぼう」をはじめ、「博多中葉《はかたちゅうよう》しゅんぎく」「博多金時《はかたきんとき》にんじん」「博多菜《はかたな》花《ばな》」など、博多《はかた》と名《な》のつく野菜《やさい》も多《おお》く栽培《さいばい》されています。また、良質《りょうしつ》な「合馬《おうま》たけのこ」は、評判《ひょうばん》がよく、全国屈指《ぜんこくくっし》のたけのこ県《けん》でもあります。

山潮菜《やましおな》

1725（享保《きょうほう》10）年《ねん》、筑後川《ちくごがわ》が氾濫《はんらん》したときに中州《なかす》にたどりついた種《たね》が自生《じせい》したといわれている。山《やま》くずれがおきたことを「山潮《やましお》がおきた」というので、「山潮菜《やましおな》」と名《な》づけられた。鼻《はな》にツンとくる独特《どくとく》の香《かお》りがある。つけものに向《む》く。

三毛門《みけかど》かぼちゃ

地元《じもと》では、団子汁《だんごじる》に入《い》れて食《た》べる。

1541（天文《てんぶん》10）年《ねん》ごろに豊後国《ぶんごのくに》（現在《げんざい》の大分県《おおいたけん》）に漂着《ひょうちゃく》したポルトガル船《ふね》が献上《けんじょう》したかぼちゃの種《たね》を豊《ぶ》前国《ぜんのくに》（現在《げんざい》の福岡県《ふくおかけん》）の土豪《どごう》がゆずりうけ、栽培《さいばい》したのがはじまりといわれる。1928（昭和《しょうわ》3）年《ねん》に昭《しょう》和天皇《わてんのう》に献上《けんじょう》され、有名《ゆうめい》になった。水分《すいぶん》が多《おお》く、ねっとりとしている。

かつお菜《な》

博多《はかた》の雑煮《ぞうに》にはかかせない。

博多地方《はかたちほう》で古《ふる》くから自生《じせい》している在来《ざいらい》の高菜《たかな》。葉《は》は濃緑色《のうりょくしょく》でちぢみが多《おお》く、丸《まる》みをおびている。アクがすくなく肉質《にくしつ》はやわらかで、煮《に》ものや鍋《なべ》もの向《む》き。カツオ節《ぶし》に負《ま》けないほど味《あじ》が出《で》るといわれる。

合馬《おうま》たけのこ

北九州市《きたきゅうしゅうし》の合馬地区《おうまちく》で栽培《さいばい》される高品質《こうひんしつ》のたけのこ。皮《かわ》や肉《にく》質《しつ》が白《しろ》く、幼根《ようこん》も白《しろ》い貴重品《きちょうひん》で、「白子《しらこ》」とよばれる。朝《あさ》ぼりはアクがすくないので、刺身《さしみ》や焼《や》きたけのこにして食《た》べられる。

三池高菜《みいけたかな》

1897（明治《めいじ》30）年《ねん》に、中国四川《ちゅうごくしせん》省《しょう》から高菜《たかな》が日本《にほん》へ入《はい》ってきたときに福岡地方《ふくおかちほう》にも散《ち》らばり、定着《ていちゃく》したといわれる。その後《ご》、佐賀県《さがけん》でむらさき高菜《たかな》（葉《は》にむらさき色《いろ》が入《はい》った高菜《たかな》）と自然交配《しぜんこうはい》してうまれた「相知高菜《おうちたかな》」を三池地方《みいけちほう》で選抜《せんばつ》し、肉厚《にくあつ》の「三池高菜《みいけたかな》」が選《えら》ばれた。おもにつけものに使《つか》われる。

博多新《はかたしん》ごぼう

久留米地方《くるめちほう》の伝統野菜《でんとうやさい》「千《ち》鳥島《どりしま》ごぼう」をベースに、早生《わせ》で太《ふと》い東京《とうきょう》の「渡辺早《わたなべわ》生《せ》」を使《つか》ってつくられた短《みじか》いごぼう。アクがすくなく、細《ほそ》くてやわらかいのが特徴《とくちょう》。

福岡《ふくおか》の春《はる》を代表《だいひょう》する野菜《やさい》。

佐《さ》賀《が》県《けん》

野菜《やさい》を栽培《さいばい》する歴史《れきし》があさいので、伝統野菜《でんとうやさい》としてのこっているのは、山《さん》麓地帯《ろくちたい》で栽培《さいばい》されているだいこんやしろうりなどです。現在《げんざい》は地元《じもと》のJA《ジェイエイ》や生産者《せいさんしゃ》が、その保存《ほぞん》と栽培拡大《さいばいかくだい》に取《と》りくんでいます。温暖《おんだん》な気候《きこう》なので、ハウスみかんの栽培《さいばい》がさかんです。「佐賀《さが》みかん」は全国的《ぜんこくてき》に有名《ゆうめい》です。

桐岡《きりおか》なす

多久市《たくし》の桐岡地区《きりおかちく》で古《ふる》くから栽培《さいばい》されているなす。ラグビーボールのような形《かたち》で、一般的《いっぱんてき》な長《なが》なすの2〜3倍《ばい》の大《おお》きさがある。肉質《にくしつ》は緻密《ちみつ》で皮《かわ》がやわらかく、火《ひ》の通《とお》りが早《はや》くて煮《に》くずれしにくいので、さまざまな料理《りょうり》に使《つか》われる。

佐賀青《さがあお》しまうり

つけものに加工《かこう》すると歯切《はぎ》れがよく、長《なが》いあいだおいてもやわらかくならない。もっぱら粕《かす》づけに使《つか》われる。

多久市《たくし》を中心《ちゅうしん》に栽培《さいばい》されているしまうりの在来種《ざいらいしゅ》。青大《あおおお》しまうりやまくわうりなどと交配《こうはい》し、現在《げんざい》の「佐賀青《さがあお》しまうり」になった。丸《まる》みをおびた果実《かじつ》は短形《たんけい》で、果皮《かひ》は淡《あわ》い緑色《みどりいろ》。つけものに向《む》く。

女山《おんなやま》だいこん

昭和時代初期《しょうわじだいしょき》にみかんの栽培《さいばい》がさかんになり、だいこん畑《ばたけ》がみかん畑《ばたけ》に転《てん》作《さく》されるようになったときに、小形《こがた》のものが栽培《さいばい》されるようになった。

江戸時代《えどじだい》から多久市《たくし》の女山一帯《おんなやまいったい》で栽培《さいばい》されている。根《ね》っこの土《つち》から出《で》た部分《ぶぶん》と葉脈《ようみゃく》が赤《あか》むらさき色《いろ》をしている。根《ね》の長《なが》さは80cm前後《ぜんご》で、重《おも》さは10kgにもなる。肉質《にくしつ》は緻密《ちみつ》であまい。

戸矢《とや》かぶ

表面《ひょうめん》の上半分《うえはんぶん》が赤《あか》むらさき色《いろ》なのが特徴《とくちょう》。弓《ゆみ》の名手《めいしゅ》の源為朝《みなもとのためとも》が黒髪山《くろかみやま》の大蛇《だいじゃ》を退治《たいじ》したという伝説《でんせつ》に由来《ゆらい》していて、矢《や》が当《あ》たった大《だい》蛇《じゃ》の血《ち》が有田町戸矢地《ありたちょうとやち》区《く》まで流《なが》れてきたので、かぶの表面《ひょうめん》が赤《あか》くなったといわれている。

健康野菜《けんこうやさい》のモロヘイヤ

佐賀県《さがけん》が独自《どくじ》で推奨《すいしょう》する農作物《のうさくぶつ》に、モロヘイヤがあります。日本《にほん》へは1970〜80年代《ねんだい》にエジプトから導《どう》入《にゅう》されました。エジプト語《ご》では「王《おう》家《け》の野菜《やさい》」という意味《いみ》をもち、ミネラルなど栄養《えいよう》が豊富《ほうふ》なことで注目《ちゅうもく》されています。きざむとねばりが出《で》て、スープの具《ぐ》や炒《いた》めものなどに使《つか》われます。唐津《からつ》の特産品《とくさんひん》です。

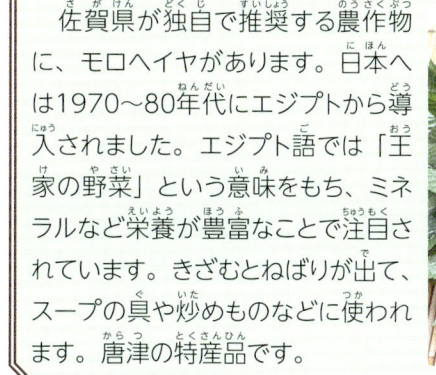

長崎県《ながさきけん》

古《ふる》くから中国《ちゅうごく》やオランダとの交流《こうりゅう》が深《ふか》かったので、長崎《ながさき》はくさい、じゃがいも、高菜《たかな》、わけぎ、にんじん、赤《あか》かぶ、しょうが、南京《なんきん》いも（赤《あか》芽《め》さといも）など、多種多様《たしゅたよう》な外来《がいらい》の野菜《やさい》をつくるようになったといわれています。これらの野菜《やさい》が高度《こうど》な長崎《ながさき》の食文化《しょくぶんか》をささえてきました。

長崎《ながさき》はくさい

古《ふる》くから長崎《ながさき》の人《ひと》びとの食生活《しょくせいかつ》にはかかせない。

つけ菜《な》の一種《いっしゅ》。明治時代《めいじじだい》につくられていた「唐人菜《とうじんな》」とよばれるターサイなどから、外観《がいかん》と品質《ひんしつ》にすぐれた新《あたら》しいタイプを選抜《せんばつ》してうまれた。間引《まび》きした菜《な》は、あさづけやおひたしに、生長《せいちょう》したものはつけものや鍋《なべ》ものなどに使《つか》われる。

出島《でじま》じゃがいも

じゃがいもの原産地《げんさんち》は南米《なんべい》アンデス高地《こうち》といわれている。

長崎《ながさき》の出島《でじま》は、じゃがいもが日本《にほん》へはじめて伝《つた》わった地《ち》。1601（慶長《けいちょう》６）年《ねん》にオランダ船《せん》によってジャガタラ（現在《げんざい》のジャカルタ）から長崎《ながさき》に導入《どうにゅう》され、「じゃがいも」といわれるようになったと伝《つた》えられる。「出島《でじま》じゃがいも」は1971（昭和《しょうわ》46）年《ねん》に長崎県総合農林試験場《ながさきけんそうごうのうりんしけんじょう》で育成《いくせい》された品種《ひんしゅ》。淡黄色《たんおうしょく》で、ややねばりけがある。

長崎高菜《ながさきたかな》

高菜類《たかなるい》のなかでもっともやわらかく、からみがあまりない。『長崎見聞録《ながさきけんぶんろく》』（1797年《ねん》）では、「長崎《ながさき》に多《おお》く、ほかのところではみられないからしなのようなもの」と記載《きさい》されている。茎《くき》は細《ほそ》く、半月形《はんげつがた》に丸《まる》くなっている。つけものに使《つか》われる。

長崎赤《ながさきあか》かぶ

長崎市《ながさきし》で古《ふる》くから栽培《さいばい》されている。長崎市片渕《ながさきしかたふち》で栽培《さいばい》されていたので「片渕《かたふち》かぶ」ともよばれていた。つけものに使《つか》われる。

大島《おおしま》トマト

西海市大島町《さいかいしおおしまちょう》で栽培《さいばい》されている糖度《とうど》の高《たか》いトマト。水《みず》を極限《きょくげん》までおさえながら育《そだ》てると、みかんほどの小《ちい》さな果実《かじつ》にトマトのうまみを凝縮《ぎょうしゅく》し、まっ赤《か》に熟《じゅく》した大島《おおしま》トマトになる。

雲仙《うんぜん》こぶ高菜《たかな》

1947（昭和《しょうわ》22）年《ねん》ごろに中国《ちゅうごく》から引《ひ》きあげた人《ひと》が、もちかえった種《たね》を雲仙山麓《うんぜんさんろく》の吾妻町《あづまちょう》（現在《げんざい》は雲仙市《うんぜんし》）で栽培《さいばい》したのがはじまりといわれる。つけ根《ね》にできるこぶごときざんで、あさづけにする。

熊本県《くまもとけん》

熊本県《くまもとけん》は日本《にほん》でも有数《ゆうすう》の農業県《のうぎょうけん》です。熊本《くまもと》の人《ひと》や風土《ふうど》とかかわりが強《つよ》く、1945（昭和《しょうわ》20）年以前《ねんいぜん》から熊本県内《くまもとけんない》で栽培《さいばい》されてきた野菜《やさい》を「くまもとふるさと伝統野菜《でんとうやさい》」として選定《せんてい》しています。これらは、伝統料理《でんとうりょうり》と結《むす》びつき、栽培《さいばい》されてきた野菜《やさい》です。

熊本長《くまもとなが》なす（熊本赤《くまもとあか》なす）

1925（大正《たいしょう》14）年《ねん》ごろから栽培《さいばい》されているなす。宮崎県《みやざきけん》の佐土原長《さどわらなが》なすの改良《かいりょう》品種《ひんしゅ》。果肉《かにく》はやわらかく、種《たね》がすくなく、焼《や》きなすや辛子和《からしあ》えなどに向《む》く。

水前寺《すいぜんじ》もやし

歯《は》ざわりがよいので、あえものやすき焼《や》きにも使《つか》う。

阿蘇《あそ》の伏流水《ふくりゅうすい》がわきでる熊本《くまもと》市水前寺《しすいぜんじ》の江津湖《えづこ》にあるわき水《みず》を利用《りよう》してつくられる大豆《だいず》もやし。健康《けんこう》と長寿《ちょうじゅ》を願《ねが》う正《しょう》月《がつ》の雑煮《ぞうに》にはかかせない。

鶴《つる》の子《こ》いも

阿蘇郡高森町《あそぐんたかもりまち》の郷《きょう》土料理《どりょうり》「高森田楽《たかもりでんがく》」に使《つか》うさといも。子《こ》いもは数《かず》が多《おお》く、ねばりが強《つよ》く煮《に》くずれしにくい。串《くし》にさして焼《や》くことができるので、田楽《でんがく》に向《む》く。

熊本京菜《くまもときょうな》

古《ふる》くは「肥後京菜《ひごきょうな》」とよばれていた小松菜《こまつな》のなかま。細川忠興公《ほそかわただおきこう》（1563～1645）が京都《きょうと》から熊本《くまもと》に入《はい》ったとき、持参《じさん》した種《たね》がはじまりといわれる。茎《くき》が太《ふと》く、だ円形《えんけい》の葉《は》をもつ。

正月《しょうがつ》の雑煮《ぞうに》に入《い》れる。

一文字《ひともじ》

「わけぎ」を熊本地方《くまもとちほう》では「一文字《ひともじ》」とよぶ。ねぎよりも葉《は》が細《ほそ》くてあまいのが特徴《とくちょう》。

水前寺菜《すいぜんじな》

沖縄県《おきなわけん》で栽培《さいばい》されている「金時草《きんじそう》」や「ハンダマ」とおなじ野菜《やさい》。1759（宝暦《ほうれき》9）年《ねん》に京都《きょうと》から伝《つた》えられたといわれる。葉《は》を熱湯《ねっとう》に入《い》れると「水前寺《すいぜんじ》のり」のようにやわらかくなるのでその名《な》がついたなど諸説《しょせつ》ある。葉《は》は針状《はりじょう》で表《おもて》は緑色《みどりいろ》、うらはむらさき色《いろ》をしている。

「一文字《ひともじ》のぐるぐる」

「一文字《ひともじ》のぐるぐる」は、一文字《ひともじ》をさっとゆでてから根《ね》元《もと》をじくに、葉《は》の部分《ぶぶん》をぐるぐる巻《ま》きつけ、酢《す》みそにつけて食《た》べる郷土料理《きょうどりょうり》です（写真《しゃしん》）。1782（天明《てんめい》2）年《ねん》、肥後藩《ひごはん》の財政《ざいせい》を立《た》てなおすため、藩主《はんしゅ》細川重賢《ほそかわしげかた》が倹約耐乏《けんやくたいぼう》をよびかけたときに、酒《さけ》の肴《さかな》としてできた料理《りょうり》だといういいつたえがあります。

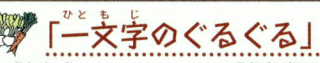

大分県《おおいたけん》

大分県《おおいたけん》は耕作規模《こうさくきぼ》は小《ち》さいのですが、山地《さんち》、台地《だいち》、火山《かざん》など複雑《ふくざつ》な地形《ちけい》の特色《とくしょく》を生《い》かし、作物《さくもつ》が豊《ゆた》かです。とくに干《ほ》ししいたけの生産《せいさん》はさかんです。クヌギの原木《げんぼく》で栽培《さいばい》されているので、肉厚《にくあつ》で香《かお》り豊《ゆた》かなのが特徴《とくちょう》です。香《かお》りのいいかぼすも、日本一《にほんいち》の生産量《せいさんりょう》です。

かぼす

香《かお》りがよいので、料理《りょうり》の風味《ふうみ》づけに使《つか》われる。

全国生産《ぜんこくせいさん》の９割《わり》をしめる、大分県《おおいたけん》の特産品《とくさんひん》。樹齢《じゅれい》200年以《ねんい》上《じょう》の果樹《かじゅ》もある。医師《いし》の宗源《しゅうげん》が、江戸時代《えどじだい》に京都《きょうと》から臼杵《うすき》地区《ちく》に苗木《なえぎ》をもちかえったのがはじまりといわれる。かんきつ類《るい》のなかでも酸味《さんみ》がすくない。

しいたけ

大分県《おおいたけん》のブランド品《ひん》である乾《ほ》ししいたけの生産量《せいさんりょう》は日本一《にほんいち》。かさが肉厚《にくあつ》の「どんこ」、かさが大《おお》きく肉厚《にくあつ》な「こうこ」、かさは開《ひら》いていて肉《にく》が薄《うす》い「こうしん」など種類《しゅるい》も豊富《ほうふ》。江戸《えど》時代《じだい》に豊後国《ぶんごのくに》、佐伯藩《さいきはん》の源兵衛《げんべえ》によって始《はじ》められた。

宗麟《そうりん》かぼちゃ

日本《にほん》へのかぼちゃの渡来《とらい》は、天文年間《てんぶんねんかん》（1532～1555年《ねん》）にポルトガル船《せん》が豊後国《ぶんごのくに》（現在《げんざい》の大分県《おおいたけん》）へもちこんだのが最初《さいしょ》で、当時《とうじ》の豊後国《ぶんごのくに》の大名《だいみょう》であった大友宗麟《おおともそうりん》に献上《けんじょう》したといわれている。それが名前《なまえ》の由来《ゆらい》となり、大分県《おおいたけん》で伝統的《でんとうてき》に栽培《さいばい》されている。日本《にほん》かぼちゃなので、あまみがすくない。

久住高菜《くじゅうたかな》

江戸時代《えどじだい》の参勤交代《さんきんこうたい》のときにもちこまれた種《たね》を久住地区《くじゅうちく》に植《う》えたのがはじまりといわれる。葉《は》がアザミのようにギザギザしていて、茎《くき》がやわらかいのが特徴《とくちょう》。自家用《じかよう》のつけものとして使《つか》われる。

青長地這《あおながじばい》きゅうり

別府市内《べっぷしない》の篤農家《とくのうか》が大《たい》正時代《しょうじだい》から門外不出《もんがいふしゅつ》の青首《あおくび》きゅうりを自家採《じかさい》種《しゅ》して栽培《さいばい》をつづけてきた。肉厚《にくあつ》で、表皮《ひょうひ》の緑色《みどりいろ》と内部《ないぶ》の白色《はくしょく》のコントラストがはっきりしている。

ちょろぎ

豊後《ぶんご》の竹田地方《たけたちほう》で300年以上《ねんいじょう》も前《まえ》から栽培《さいばい》されているシソ科《か》の植物《しょくぶつ》。中国《ちゅうごく》では縁起《えんぎ》のよい植物《しょくぶつ》とされていて、竹田地方《たけたちほう》でも、祝《いわ》いの料理《りょうり》やお茶《ちゃ》うけに使《つか》われる。塩《しお》づけや梅酢《うめず》づけ（写真右《しゃしんみぎ》）のほか、バター炒《いた》めや吸《す》いものなどにも利用《りよう》される。

宮崎県《みやざきけん》

冬《ふゆ》も温暖《おんだん》な気候《きこう》にめぐまれる宮崎県《みやざきけん》は、南海型気候《なんかいがたきこう》に属《ぞく》していて、良質《りょうしつ》のマンゴーなども収穫《しゅうかく》できます。そのマンゴーをはじめ、ワンタッチきゅうり、新玉《しんたま》ねぎ、フレッシュにらなど、宮崎県《みやざきけん》の特徴《とくちょう》ある生産物《せいさんぶつ》を「みやざきブランド野菜《やさい》」として推進《すいしん》する動《うご》きが活発《かっぱつ》になっています。

糸巻《いとま》きだいこん

色《いろ》、形《かたち》、大《おお》きさにばらつきがあり、個性的《こせいてき》。味《あじ》も、あまみが強《つよ》いものから、からみののこるものまでさまざま。

熊本県《くまもとけん》との県境《けんざかい》にある西米良村《にしめらそん》で栽培《さいばい》されている。皮《かわ》にむらさき色《いろ》の糸《いと》を巻《ま》きつけたような帯状《おびじょう》の筋《すじ》が入《はい》ることから名前《なまえ》がついた。直径《ちょっけい》は10cmほど。緑色《みどりいろ》の大《おお》きな葉《は》が天《てん》からふってくるように生育《せいいく》するので、地元《じもと》では「降《ふ》ってかぶ」ともよばれる。糖度《とうど》が高《たか》く、調理《ちょうり》しても煮《に》くずれしにくい。

たけのこいも

「京《きょう》いも」の名《な》で出荷《しゅっか》されている。

さといものなかま。小林市東方《こばやししひがしかた》で古《ふる》くから栽培《さいばい》されている。たけのこのような形《かたち》をしているのが名前《なまえ》の由来《ゆらい》。重《おも》さが1kg以上《いじょう》にもなる。実《み》はホクホクした粉質《こなしつ》で、しまっている。

いらかぶ

中山間地《ちゅうさんかんち》の東臼杵郡美郷町《ひがしうすきぐんみさとちょう》にむかしから伝《つた》わるつけ菜《な》の一種《いっしゅ》。葉《は》がアザミににているので「あざみ菜《な》」ともよばれる。つけものに向《む》く。

佐土原《さどわら》なす

第二次世界大戦前《だいにじせかいたいせんまえ》から九州各地《きゅうしゅうかくち》で栽培《さいばい》されている。江戸時代《えどじだい》から佐土原《さどわら》はなす栽培《さいばい》の中心地《ちゅうしんち》だったこともあり、大正期《たいしょうき》の終《お》わりから地名《ちめい》にちなんで「佐土原《さどわら》なす」とよばれるようになった。肉厚《にくあつ》でやわらかく、焼《や》きなすに向《む》く。

鶴首《つるくび》かぼちゃ

日本《にほん》かぼちゃの一種《いっしゅ》。第二次世界大戦中《だいにじせかいたいせんちゅう》にさつまいもといっしょに栽培《さいばい》された。鶴《つる》の首《くび》のように長《なが》く、棒状《ぼうじょう》のものもある。肉質《にくしつ》はホクホクした粉質《こなしつ》で、あまみがある。種《たね》が下部《かぶ》にしかないので、調理《ちょうり》しやすい。

日向《ひゅうが》かぼちゃ

宮崎県《みやざきけん》を代表《だいひょう》する特産野菜《とくさんやさい》。果皮《かひ》が黒緑色《くろみどりいろ》で、たてにみぞがある黒皮《くろかわ》かぼちゃ。1895（明治《めいじ》28）年《ねん》ごろから昭和初期《しょうわしょき》にかけて宮崎市《みやざきし》の傾斜地《けいしゃち》で品種改良《ひんしゅかいりょう》しながら栽培《さいばい》されてきた。ねばりがあり、くずれにくいので煮《に》ものに向《む》く。

鹿児島県《かごしまけん》

鹿児島県《かごしまけん》に広《ひろ》がるシラス台地《だいち》は、火山《かざん》の噴出《ふんしゅつ》によって積《つ》もったものです。水《みず》はけがよく栄養分《えいようぶん》がすくないため、稲作《いなさく》には向《む》きません。また台風《たいふう》の被害《ひがい》も大《おお》きいため、栄養分《えいようぶん》がすくなくても育《そだ》ち、なおかつ地《ち》中《ちゅう》で育《そだ》つ、いもなどの農作物《のうさくぶつ》がつくられるようになりました。

白《しろ》なす

焼《や》きなす、煮《に》つけ、炒《いた》めもの、汁《しる》の実《み》、つけものなど、さまざまに使《つか》われる。

鹿児島県《かごしまけん》で古《ふる》くから栽培《さいばい》されている淡緑色《たんりょくしょく》をしたなす。丸《まる》なすと長《なが》なすがある。果皮《かひ》はかたいが、果《か》肉《にく》はやわらかく、アクがすくないので食《た》べやすい。

開聞岳《かいもんだけ》だいこん

南薩摩《みなみさつま》地方《ちほう》の開聞岳山麓《かいもんだけさんろく》で栽培《さいばい》されているだいこん。根《ね》が青色《あおいろ》で長《なが》さは40～60cm、重《おも》さ5～8kgで肉質《にくしつ》がやわらかく生《なま》でも食《た》べられる。地名《ちめい》の「頴娃《えい》だいこん」、導入《どうにゅう》した人《ひと》の名《な》「ツルギクだいこん」、葉《は》の形《かたち》から「葉《は》かぶりだいこん」ともよばれる。

桜島《さくらじま》だいこん

地元《じもと》では「でこん」とよんでいる。江戸時代《えどじだい》の学者《がくしゃ》、貝《かい》原益軒《ばらえきけん》は「薩摩《さつま》だいこん」とよんでいたという。

鹿児島県《かごしまけん》の代表的《だいひょうてき》な伝統野菜《でんとうやさい》。天和年間《てんなねんかん》（1681～1683年《ねん》）に愛知《あいち》県《けん》から入手《にゅうしゅ》した「方領《ほうりょう》だいこん」がルーツという説《せつ》と、自生《じせい》していたものを選抜《せんばつ》したという説《せつ》などがある。桜島《さくらじま》の気温《きおん》や土質《どしつ》の影響《えいきょう》で、大《おお》きいものは20～30kgにも生長《せいちょう》する。肉質《にくしつ》は緻密《ちみつ》で、煮《に》ものなどに向《む》く。

隼人《はやと》うり

うりは高温性《こうおんせい》の植物《しょくぶつ》。1920（大正《たいしょう》9）年《ねん》には鹿児島《かごしま》で広《ひろ》く栽培《さいばい》されるようになった。長《なが》さ10～15cmで重《おも》さが500g～1kgの長円形《ちょうえんけい》。とうがんににた味《あじ》で、アクがなく、煮《に》ものや和《あ》えものに向《む》く。

水《みず》いも

さといものなかま。奄《あま》美大島《みおおしま》では水《みず》をはった水田《すいでん》地帯《ちたい》で栽培《さいばい》されている。加熱《かねつ》すると、一般的《いっぱんてき》なさといもよりねばりがでる。

生産量《せいさんりょう》日本一《にほんいち》のさつまいも王国《おうこく》

鹿児島県《かごしまけん》ではさつまいものことを「からいも」とよびます。中国《ちゅうごく》（唐《から》）から伝来《でんらい》したからです。蒸すとだいだい色《いろ》になるあまい「安納紅《あんのうべに》」や「安納《あんのう》こがね」、果肉《かにく》がむらさき色《いろ》の「種子島《たねがしま》ゴールド」や「種子島《たねがしま》ろまん」、皮《かわ》が淡《たん》黄色《おうしょく》で果肉《かにく》があざやかなだいだい色《いろ》の「隼人《はやと》いも」など、たくさんの種類《しゅるい》があります。

与論《よろん》かぼちゃ

与論島《よろんじま》で栽培《さいばい》されているかぼちゃ。1953（昭和《しょうわ》28）年《ねん》から小笠原《おがさわら》かぼちゃの種《たね》をベースに品種改良《ひんしゅかいりょう》をかさね、1961（昭《しょう》和《わ》36）年《ねん》に仕上《しあ》がった。直径《ちょっけい》11～12cmで重《おも》さは1.5～2kg。

日本《にほん》かぼちゃ特有《とくゆう》の色合《いろあ》いで、地《じ》元《もと》ではおくりものにも使《つか》われる。

沖縄県《おきなわけん》

沖縄県《おきなわけん》では自生《じせい》する野菜《やさい》を利用《りよう》したり、近隣《きんりん》の国《くに》から導入《どうにゅう》した野菜《やさい》を受《う》けいれたりしながら、亜熱帯気候《あねったいきこう》にあう野菜《やさい》がつくられています。暑《あつ》さにたえられる、風《かぜ》に強《つよ》い、塩害《えんがい》の影響《えいきょう》を受《う》けないなど、苛酷《かこく》な自然環境《しぜんかんきょう》にたえられる強《つよ》い野菜《やさい》を栽培《さいばい》。沖縄特有《おきなわとくゆう》のよび方《かた》があるのも特徴《とくちょう》です。

ゴーヤー

本州《ほんしゅう》では「にがうり」ともよばれている。

沖縄《おきなわ》を代表《だいひょう》する野菜《やさい》。15世紀前半《せいきぜんはん》までには中国《ちゅうごく》から伝《つた》わったとされる。1992（平成《へいせい》4）年《ねん》に新種《しんしゅ》「群星《むるぶし》」が開発《かいはつ》され、普及《ふきゅう》するまで、各地《かくち》でいろいろな形《かたち》のゴーヤーを栽培《さいばい》したといわれる。暑《あつ》さにも病気《びょうき》にも強《つよ》く、にがみが特徴《とくちょう》。

田《た》いも

水田《すいでん》で栽培《さいばい》されているさといも。宜野湾市大山地区《ぎのわんしおおやまちく》の海岸《かいがん》ぞいがおもな産地《さんち》。沖縄《おきなわ》では「ターンム」とよばれる。

正月料理《しょうがつりょうり》の「ドゥルワカシー」などで使《つか》われる。

紅《べに》いも

果肉《かにく》が赤《あか》むらさき色《いろ》のさつまいも。琉球王国時代《りゅうきゅうおうこくじだい》の1605年《ねん》、中国《ちゅうごく》から苗《なえ》をもちかえったのがはじまりとされる。沖縄《おきなわ》では「ウム」とよばれる。

島《しま》にんじん

沖縄島《おきなわじま》の中城村《なかぐすくそん》でおもに栽培《さいばい》されている黄色《きいろ》いにんじん。東洋系《とうようけい》にんじんで暑《あつ》さに強《つよ》く、沖縄《おきなわ》の風土《ふうど》にあっている。地元《じもと》では「チデークニー」とよばれる。

現在《げんざい》、一般的《いっぱんてき》に流通《りゅうつう》しているにんじんは江戸末期《えどまっき》に渡来《とらい》したといわれる西洋系《せいようけい》にんじん。東洋系《とうようけい》にんじんは、中国《ちゅうごく》をへて17世紀《せいき》にわたってきた。

モーウィ

きゅうりのなかま。沖縄島中北部《おきなわじまちゅうほくぶ》で栽培《さいばい》されている。琉球王府《りゅうきゅうおうふ》が15世紀《せいき》に中国南部《ちゅうごくなんぶ》からもちこんだといわれる。台風《たいふう》などの被害《ひがい》から守《まも》るために、地這栽培《じばいさいばい》*がおこなわれる。煮《に》ものやつけもの、サラダなどに使《つか》われる。

*支柱《しちゅう》などを立《た》てることなく、つるを地面《じめん》にはわせて育《そだ》てる方法《ほうほう》。

へちま

沖縄《おきなわ》では「ナーベラー」とよばれる。若《わか》い実《み》を収穫《しゅうかく》し、油炒《あぶらいた》めやみそ汁《しる》などに使《つか》う。

島《しま》かぼちゃ

石垣島《いしがきじま》の伊野田集落《いのうだしゅうらく》で栽培《さいばい》されている。形《かたち》がパパイヤににている。豚肉《ぶたにく》といっしょに煮《に》る料理《りょうり》や天《てん》ぷらなどに向《む》く。

さくいん（この本《ほん》で紹介《しょうかい》している地野菜《じやさい》／伝統野菜《でんとうやさい》、特産品《とくさんひん》・名産品《めいさんひん》を五十音順《ごじゅうおんじゅん》に記載《きさい》しています。）

あ 行《ぎょう》

秋鹿《あいか》ごぼう……74
愛知《あいち》ちりめんかぼちゃ……59
愛知早生《あいちわせ》ふき……59
会津菊《あいづきく》かぼちゃ……36
会津丸《あいづまる》なす……36
青大《あおだい》きゅうり……76
青長地這《あおながじばい》きゅうり……89
青身《あおみ》だいこん……68
赤《あか》かぶの千枚《せんまい》づけ……20
赤《あか》ずいき……62
赤《あか》ねぎ……40
赤根《あかね》だいこん……56
秋縞《あきしま》ささげ……57
秋田《あきた》ふき……34
秋田《あきた》もろこし……24
悪戸《あくと》いも……35
あけぼの大豆《だいず》……55
あさつき……17
あざみごぼう……36
安家地《あっかじ》だいこん……32
温海《あつみ》かぶ……15、35
温海《あつみ》かぶづけ……20
安曇川《あどがわ》の万木《ゆるぎ》かぶ……63
阿房宮《あぼうきゅう》……31
尼《あま》いも……66
淡路《あわじ》たまねぎ……66
阿波《あわ》みどり……78
安納《あんのう》いも……84、91
あんぽ柿《がき》……24、29
石垣《いしがき》いちご……58
伊勢《いせ》いも……60、62
一町田《いっちょうだ》せり……31
糸巻《いとま》きだいこん……90
いぶりがっこ……20、34
伊予柑《いよかん》……80
伊予緋《いよひ》かぶ……80
伊予美人《いよびじん》……80
いらかぶ……90
入山《いりやま》きゅうり……42
祝《いわい》だいこん……67
岩国赤《いわくにあか》だいこん……13、37、77
岩槻《いわつき》ねぎ……43
岩津《いわつ》ねぎ……16、66
浮島《うきしま》だいこん……40
うすいえんどう……68
宇陀金《うだきん》ごぼう……67
宇治茶《うじちゃ》……61
打木赤皮甘栗《うつぎあかがわあまぐり》かぼちゃ……53
うど……45、47
うりの鉄砲《てっぽう》づけ……21
雲仙《うんぜん》こぶ高菜《たかな》……37、87
越後《えちご》の味噌《みそ》づけ……21
江戸崎《えどさき》かぼちゃ……40
えびいも……64
延命楽《えんめいらく》……35
王滝《おうたき》かぶ……56
合馬《おうま》たけのこ……85
大浦《おおうら》ごぼう……44
大島《おおしま》トマト……87
大田原《おおたわら》とうがらし……41
大塚《おおつか》にんじん……55
大野《おおの》さといも……54
大山菜《おおやまな》……46
大鰐温泉《おおわにおんせん》もやし……31
小布施《おぶせ》なす……56
オリーブ……72、79
折戸《おりど》なす……58
女山《おんなやま》だいこん……86

か 行《ぎょう》

貝地高菜《かいじたかな》……40
開聞岳《かいもんだけ》だいこん……91
加賀《かが》つる豆《まめ》……53
加賀太《かがふと》きゅうり……53
加賀《かが》れんこん……37、53
香川本鷹《かがわほんたか》……26、79
かき菜《な》……41
かきのもと……51
かつお菜《な》……85
甲子柿《かっしがき》……24
勝山水菜《かつやまみずな》……54
金沢一本《かなざわいっぽん》ねぎ……17
金町小《かなまちこ》かぶ……15
火野《かの》かぶ……34
かぶらずし……25
かぼす……89
賀茂《かも》なす……19、64
かもり……52
からしれんこん……26
からとりいも……33
かるかん……26
観音《かんおん》ねぎ……16、76
かんころもち……26
かんぴょう……25
菊《きく》ごぼう……57
紀州《きしゅう》うめ……61
紀州《きしゅう》みかん……68
衣川《きぬかわ》なす……75
絹皮《きぬかわ》なす……80
貴陽《きよう》……55
桐岡《きりおか》なす……86
切《き》り干《ぼ》しだいこん……26
金婚《きんこん》づけ……20
銀泉《ぎんせん》まくわ……52
巾着《きんちゃく》なす……19、51
金時《きんとき》にんじん……65、79
金俵《きんぴょう》まくわ……59
久住高菜《くじゅうたかな》……37、89
九条《くじょう》ねぎ……16、64、76
熊本京菜《くまもときょうな》……88
熊本長《くまもとなが》なす……18、88
暮坪《くれつぼ》かぶ……32
黒埼茶豆《くろさきちゃまめ》……51
黒田《くろだ》せり……47、74
黒《くろ》にんにく……24
くわい……43
慶徳《けいとく》たまねぎ……36
毛馬《けま》きゅうり……65
源吾《げんご》ねぎ……36
源五兵衛《げんごべえ》すいか……68
源助《げんすけ》だいこん……13
ごうしゅいも……78
甲州《こうしゅう》もろこし……55
河内赤《こうちあか》かぶ……54
高野《こうや》どうふ……26
ゴーヤー……92
小《こ》かぶ……44
五箇山《ごかやま》かぶ……52
国分《こくぶ》にんじん……42
勝間南瓜《こつまなんきん》……65
小松菜《こまつな》……45
ころ柿《がき》……49

さ 行《ぎょう》

西条柿《さいじょうがき》……74
埼玉青《さいたまあお》なす……43
佐賀青《さがあお》しまうり……86
砂丘《さきゅう》ながいも……73
砂丘《さきゅう》らっきょう……37、47、73
桜島《さくらじま》だいこん……12、47、91
桜《さくら》の花《はな》づけ……21
笹木三月子《ささきさんがつこ》だいこん……76
札幌大球《さっぽろおおだま》キャベツ……30、37
札幌黄玉《さっぽろきたま》ねぎ……30、37
さつまづけ……23
佐渡原《さどわら》なす……90
山東菜《さんとうさい》……43
山内《さんない》にんじん……34
しいたけ……72、89

さくいん

しいたけのからしづけ……23
地《じ》きゅうり……32
静岡茶《しずおかちゃ》……25
信夫冬菜《しのぶふゆな》……36
しばづけ……22
島《しま》かぼちゃ……92
島《しま》にんじん……92
島《しま》らっきょうのあさづけ……23
凍《し》みこんにゃく……24
清水一寸《しみずいっすん》そらまめ……80
清水森《しみずもり》なんば……31
凍《し》みだいこん……24
下田《しもだ》なす……63
下仁田《しもにた》こんにゃく……42
下仁田《しもにた》ねぎ……17、39、42
じゃばら……68
十全《じゅうぜん》なす……51
出西《しゅっさい》しょうが……74
じゅんさい……34
正月菜《しょうがつな》……59
聖護院《しょうごいん》かぶ……14
聖護院《しょうごいん》だいこん……12、47、64、76
庄《しょう》だいこん……80
湘南《しょうなん》レッド……46
食用《しょくよう》ゆり……30
白《しろ》なす……19、91
水前寺菜《すいぜんじな》……88
水前寺《すいぜんじ》もやし……88
吹田《すいた》くわい……65
すぐきづけ……22
すだち……78
すもも……55
ずんだもち……24
禅寺丸柿《ぜんじまるがき》……46
千住一本《せんじゅいっぽん》ねぎ……17
仙台茶豆《せんだいちゃまめ》……33
仙台長《せんだいなが》なす……20、33
仙台長《せんだいなが》なすづけ……20
仙台《せんだい》はくさい……33、37
仙台芭蕉菜《せんだいばしょうな》……33
仙台《せんだい》まがりねぎ……17、33
仙台雪菜《せんだいゆきな》……29
千枚《せんまい》づけ……22
宗麟《そうりん》かぼちゃ……89

た行《ぎょう》

田《た》いも……92
平良《たいら》かぶ……34
高菜《たかな》……62
高菜《たかな》づけ……23
滝野川《たきのがわ》ごぼう……45
たけのこいも……90
だだ茶豆《ちゃまめ》……35
立川《たちかわ》ごぼう……36
田辺《たなべ》だいこん……65
たまりづけ……20
田屋《たや》なす……77
男爵《だんしゃく》いも……30
丹波栗《たんばぐり》……61
丹波黒大豆《たんばくろだいず》……66
丹波《たんば》のやまのいも……66
ちょろぎ……89
津田《つだ》かぶ……15、74
津田《つだ》かぶづけ……23
鶴首《つるかめ》かぼちゃ……90
鶴《つる》の子《こ》いも……88
鶴海《つるみ》なす……18、75
津和野《つわの》さといも……74
デコポン……84
出島《でじま》じゃがいも……87
天王寺《てんのうじ》かぶら……14、65
天満《てんま》だいこん……47
土肥白《といしろ》びわ……58
土居分小菜《どいぶんこな》……75
とうがらし……31
十市在来《とおちざいらい》ししとう……81
十市《とおち》なす……18、81
戸隠地《とがくしじ》だいこん……56
徳佐《とくさ》うり……37、77
土佐《とさ》ぶんたん……81
とちおとめ……41
とっくりだいこん……77
どっこ……52
とみつ金時《きんとき》……54
戸矢《とや》かぶ……86
どんこ……26、89

な行《ぎょう》

長岡菜《ながおかな》……51
長崎赤《ながさきあか》かぶ……87
長崎高菜《ながさきたかな》……87
長崎《ながさき》はくさい……87
中山《なかやま》かぼちゃ……41
奈良《なら》づけ……22
鳴沢菜《なるさわな》……55
なると金時《きんとき》……78
二十世紀梨《にじっせいきなし》……73
入河内《にゅうがうち》だいこん……81
入善《にゅうぜん》スイカ……52
にんにく……31、79
糠塚《ぬかづか》キュウリ……31
ねずみだいこん……13、56
練馬《ねりま》だいこん……13、45、47
野沢菜《のざわな》……56
野沢菜《のざわな》づけ……21、50
のらぼう菜《な》……45

は行《ぎょう》

博多新《はかたしん》ごぼう……85
萩《はぎ》ごぼう……77
伯州《はくしゅう》ねぎ……73
葉《は》しょうが……58
はすいも……81
秦荘《はたしょう》やまいも……37、63
八列《はちれつ》とうきび……30
八丁《はっちょう》みそ……25
花御所柿《はなごしょがき》……37、73
花《はな》らっきょう……54
花《はな》らっきょうづけ……21
幅広《はばひろ》いんげん……42
隼人《はやと》うり……91
彦島春菜《ひこしまはるな》……77
備前黒皮《びぜんくろかわ》かぼちゃ……75
飛弾一本太《ひだいっぽんふと》ねぎ……57
飛弾紅《ひだべに》かぶ……57
一文字《ひともじ》……88
緋《ひ》のかぶらづけ……23
日野菜《ひのな》……15、62、63
日野菜《ひのな》づけ……22
ひもとうがらし……67
日向《ひゅうが》かぼちゃ……90
平田赤《ひらたあか》ねぎ……35
平野《ひらの》だいこん……52
広島菜《ひろしまな》……72、76
広島菜《ひろしまな》づけ……23
広島《ひろしま》わけぎ……17、76
ファースト・トマト……59
深川早生《ふかがわわせ》いも……17、76
深谷《ふかや》ねぎ……39、43
福地《ふくち》ホワイト……31
藤沢《ふじさわ》かぶ……35
伏見《ふしみ》とうがらし……64
二子《ふたご》さといも……32
二塚《ふたつか》からしな……53
へたむらさきなす……53
へちま……92
べったらづけ……21
ベッチンうり……66
紅赤《べにあか》……43
紅《べに》いも……92

ま 行《ぎょう》

まがりねぎ……17、32
間倉《まぐら》ごぼう……75
真桑《まくわ》うり……57
馬込三寸《まごめさんすん》にんじん……45
まさかりかぼちゃ……30、37
松阪赤菜《まつさかあかな》……62
松館《まつだて》しぼりだいこん……34
松本一本《まつもといっぽん》ねぎ……56
真渡《まわた》うり……36
万善《まんぜん》かぶ……75
万葉《まんば》……79
万福寺《まんぷくじ》にんじん……46
三池高菜《みいけたかな》……85
三浦《みうら》だいこん……13、39、46
三重《みえ》なばな……62
三毛門《みけかど》かぼちゃ……85
水《みず》いも……91
水《みず》なす……19、68
三豊《みとよ》なす……79
水口《みなくち》かんぴょう……61、63
壬生菜《みぶな》……64
美馬太《みまふと》きゅうり……78
宮内菜《みやうちな》……42
宮重《みやしげ》だいこん……13、47、59
宮《みや》ねぎ……41
みょうが……81
武庫一寸《むこいっすん》そら豆《まめ》……66
女池菜《めいけな》……51
芽《め》キャベツ……58
モーウィ……92
餅菜《もちな》……59
もってのほか……35
守口《もりぐち》だいこん……13、47、57、59
守口《もりぐち》だいこんづけ……21
モロヘイヤ……86

や 行《ぎょう》

ヤーコン……40
矢切《やぎり》ねぎ……44
矢越《やごし》かぶ……32
谷田部《やたべ》ねぎ……54
やはたいも……55
山潮菜《やましおな》……85
山田《やまだ》ねずみだいこん……63
大和三尺《やまとさんじゃく》きゅうり……67
大和《やまと》ベジサイダー……26
大和《やまと》まな……26、67
ゆうがお……25、39、41
結崎《ゆうざき》ねぶか……67
雪菜《ゆきな》……35
ゆず茶《ちゃ》……26
ゆば……25
ゆり根《ね》……30
養肝《ようかん》づけ……22
与論《よろん》かぼちゃ……91

ら 行《ぎょう》

落花生《らっかせい》……39、44
落花生《らっかせい》みそ……25
ラディッシュ……12
れんこん……40、72、78

わ 行《ぎょう》

和歌山《わかやま》だいこん……37、68
わさび……58、84
わさびづけ……21
早生一寸《わせいっすん》そら豆《まめ》……44

■ 写真協力(50音順)

愛知県
愛知県観光協会
会津の伝統野菜を守る会
会津若松市
愛野馬鈴薯研究室
青森県
青森県観光連盟
安芸市
秋田県
秋田県観光連盟
阿見町
伊豆市観光協会土肥支部
茨城県
㈱今庄青果
㈲イメージ・クリエーション
岩田野花
岩手県
warmer warmer
牛頸農園
えひめ愛フード推進機構
愛媛県
愛媛県観光物産協会
遠藤正明
大分県
大浦ごぼう保存組合
岡山県
岡山県観光連盟
沖縄観光コンベンションビューロー
沖縄県
渡島総合振興局
香川県観光協会
香川県農政水産部農業経営課
鹿児島県
鹿児島県観光連盟
㈱風
神奈川県
神奈川県農業技術センター
金沢市農産物ブランド協会
岐阜県
"九州旅ネット"フォトギャラリー
京のふるさと産品協会
霧島酒造㈱
金婚亭
ググっとぐんま写真館
熊本県
倉敷市
㈱ぐるなび
群馬県
高知県
高知県園芸農業協同組合連合会
高知県観光コンベンション協会
埼玉県
佐賀県
佐賀県観光連盟
坂本食品工業所
札幌市
JA大阪市
JA大阪中央会
JA岡山
JA静岡
JAセレサ川崎
JA全農やまなし
JA東京中央会
JA三原
滋賀県
静岡県
静岡県観光協会
島根県
島根県観光連盟
㈲清新
千葉県
千葉県観光物産協会
手塚山大学
㈲時の広告社
徳島県
栃木県
鳥取県
富山県
長崎県
長崎県観光連盟
長崎市
中園久太郎商店
長野県
長野県観光機構
長岡市
奈良県
奈良県ビジターズビューロー
新潟観光コンベンション協会
新潟県
新潟市
日本カボチャ　備前黒皮を守る会
NPO法人　日本ジャパンフード協会
野口のタネ
萩市
㈲長谷川広商店
花巻観光協会
㈱百姓隊
兵庫県農産園芸課農産班
広島県
広島県森林整備・農業振興財団
広島市農林水産振興センター
びわこビジターズビューロー
フォートラベル㈱
福井県観光連盟
福岡県
福岡県観光連盟
福島県ホームページ「福島県在来希少作物データベース」
北海道
三重県
三毛門南瓜保存会
南房総市
宮城県
みやざき観光コンベンション協会
宮崎県薬草・地域作物センター
八江農芸㈱
山形県
山形市観光協会
山口県
山口県観光連盟
山梨県
養肝漬 宮崎屋
和歌山県
文平/PIXTA

■ 監修

堀 知佐子（ほり・ちさこ）

調理師・管理栄養士。調理師専門学校講師を務めた後、京都の老舗料亭「菊乃井」の東京店統括本部長などを経て08年1月、「食べ物が身体をつくる」をテーマにしたアンチエイジングレストラン『リール』を開業。12年、高知県観光特使の任命を受ける。13年、調理指導師協会を発足し、16年4月より新渡戸文化短期大学客員教授に就任。ナチュラルローソン、日本水産などの顧問多数。著書に『子どもといっしょにつくる和のおかず』（神宮館）、『「菊乃井」お惣菜担当が教えるからだに効くおかず』（祥伝社）など。

■ 編集／こどもくらぶ（二宮祐子）

「こどもくらぶ」はあそび・教育・福祉分野で、子どもに関する書籍を企画・編集するエヌ・アンド・エス企画編集室の愛称。小学生の投稿雑誌「こどもくらぶ」の誌名に由来。毎年約100タイトルを編集・制作している。

■ 制作・デザイン／株式会社エヌ・アンド・エス企画（吉澤光夫）

■ 文・編集協力／清水くみこ（クウヤ）

■ 校正／くすのき舎

■ イラスト／花島ゆき

■ 資料

『47都道府県・地野菜／伝統野菜百科』
（成瀬宇平、堀知佐子 著　丸善出版）
『からだにおいしい野菜の便利帳 伝統野菜』
（板木利隆 監修　高橋書店）
『調べる！ 47都道府県』（同友館）
『最新基本地図 -世界・日本- 40訂版』（帝国書院）
ほか、農林水産省ホームページ
自治体ホームページ、JAホームページ
関連する伝統野菜ホームページなど

この本の情報は、2016年10月現在のものです。

47都道府県ビジュアル文化百科 地野菜／伝統野菜

平成28年12月25日　発　行

監　修　堀　知　佐　子

編　集　こ ど も く ら ぶ

発行者　池　田　和　博

発行所　丸善出版株式会社
〒101-0051 東京都千代田区神田神保町二丁目17番
編集：電話(03)3512-3265／FAX(03)3512-3272
営業：電話(03)3512-3265／FAX(03)3512-3270
http://pub.maruzen.co.jp/

組版・株式会社エヌ・アンド・エス企画／
印刷・藤原印刷株式会社／製本・株式会社 星共社

ISBN 978-4-621-30093-0 C 0339　Printed in Japan
NDC380/96p/27.5cm × 21cm